Aimer est un verbe d'action

Marie Anne Rainville

Aimer est un verbe d'action

Essai

LE LYS BLEU
ÉDITIONS

ISBN : 979-10-422-0921-6

De la même auteure

Jacques Proulx, nature, Nuit Blanche éditeur, Québec, 1997 ;

Taches de bonheur in *Lire au Loup*, Bibliothèque Françoise-Bédard, Rivière-du-Loup, Québec, 2016.

Lou, Réal, Marie-France, Michel,
Jean, Germaine, Éva, merci d'avoir choyé mes mots
de vos commentaires.

À plusieurs membres de ma tribu,
merci d'avoir souhaité me lire.

Love's the only engine of survival.

Leonard Cohen

Je te garde dans mon ventre jusqu'à ce que la mort m'enfante.

Michel Garneau

Ne dites jamais avec reproche : ce n'est plus.
Mais dites toujours avec gratitude : ce fut.

Andreï Makine

Il était une fois, avant les années 60 du siècle dernier, une enfant héritière de premier rang devenue aujourd'hui grande conteuse et passionnée de conversation. Elle aimait parler comme d'autres aiment lire, écouter de la musique ou broder.

Trois jours après sa naissance, son père, le roi des hommes forts du village, narguant les fées, sa femme et sa marraine l'ensorcelait en la surnommant « la vieille fille ». Jugée assez vieillie, cette fois par sa mère, également fille de ce village organisé depuis la Nouvelle-France autour de l'église, la vieille fille irait à l'école à cinq ans.

Voici son histoire, son soliloque, notre conversation ininterrompue. Son âme, sa conscience, sa vulnérabilité telle que la vieille fille les dévoilait.

Occasionnellement elle palabrait, parsemant ses idées de quelques secrets pour garder l'attention, pour faire vrai, pour être intègre, pour inscrire résolument son existence dans un tango incendiaire entre l'utopie et le défi d'aimer.

Je suis balance. C'est une image, pas une croyance. Je regarde en dedans pour voir plus loin. Je tourne autour de mon nombril pour apprivoiser la terre. Je me balance entre moi et les autres, entre le privé et le public, entre l'avenir et le passé, entre l'écriture et la conversation, entre le réel et le conte ; souvent entre la vie et la mort.

Selon l'heure ou la saison, je songe à marcher Compostelle, à repartir à vélo, à retourner en psychanalyse, à entrer en religion, à m'encabaner à la campagne, à immigrer en terre inconnue, à me saouler de travail, à faire un pas définitif dans le vide.

Sans lèvres à embrasser, je perds mon pôle magnétique. Entendre battre le cœur de l'autre dans le silence d'un frisson ouvre simultanément à l'infiniment grand et à l'infiniment petit, à soi et au monde. Pourquoi l'âge a pris mon éclat sans voler aussi ma libido ?

Sombre comme sa question, *la vieille fille* griffait le temps et mordait au sang le préjugé qui accordait à la jeunesse la lascivité. Inexorablement perdante, la suite attendrait l'amenuisement de sa colère.

Enfermée en moi, seule devant l'abîme, ma vertigineuse falaise intérieure, avec 26 lettres comme autant de tricounis qu'est attachée à mes hanches la corde des raisons de me pendre.

Dans le gros temps, de jour comme de nuit, je m'obstine. Un brin sur l'autre, une maille à l'endroit, deux à l'envers, une sautée, des rangs à faire, des nœuds à défaire, des coutures à reprendre, une encolure à froncer, des années d'écriture. De ma chambre d'écolière à la cuisine d'aujourd'hui seule à tricoter les faits, à enfiler les questions, à tisser une réflexion, à découdre quelques émotions, à rapiécer les souvenirs, à coudre en été un ou deux boutons de rose pour faire joli. Épisser les mots en un cordon ombilical pour que tienne bon le cœur.

Oh ! mon ouvrage n'est pas que chagrin. Deux fois, j'ai gagné des concours littéraires. Plus d'une fois je fus publiée.

Aussi, deux fois, à Paris, Bibliothèque Mazarine, vieux coffret élégant de toutes les littératures, les mots se sont endimanchés. Sous l'effet des vacances, plus légers, ils ont pris congé de ma profonde mélancolie. Néanmoins lucides, ils disent comme Pauline Julien, « je me sens tellement seule, j'ai tant aimé. » Pourtant, jadis, s'arrêter au-dessus de ma couche des étoiles filantes avec leur traînée de lumière m'avait donné à entrevoir un avenir qui commencerait au fond de mon jardin.

Du même souffle, toute à ses souvenirs, elle poursuivait. Boxant les apparences dont elle avait fait de réelles ennemies, elle interdisait qu'on la juge heureuse ou simplement sereine.

Depuis des lunes et autant de week-ends, je mets en corde les fils de l'histoire. L'histoire désolante d'une vie formidable, singulière, choisie, ciselée, réussie, presque brillante que je ne cesse de raconter en toute occasion pour faire écran. Monter en épingle quarante années de projets, d'études, de travail, de voyages, de lectures, de rencontres, de grandes manifs, de mystifiantes confidences, de monde à refaire et de famille à défaire ; d'une tribu aimante, de nuits extravagantes.

Garder pour soi des années de passions amoureuses pour un « cœur illettré »[1]. Des décennies à me shooter aux échappées romantiques, aux baisers mouillés, aux poèmes enflammés, aux promesses solennelles ; à tout risquer pour le « je t'aime » espéré depuis le temps des premières leçons.

[1] Fred Pellerin.

Une vie à vieillir vite, à rattraper, à m'entraîner à mieux être, à mieux faire, à tenter de tout donner ; même ma vie ces dernières années. À jaser avec la mort, à supputer l'instinct de survie, j'ai débusqué, ligoté l'une à l'autre mon utopie et ma boulimie : me faire mourir à aimer insufflerait la volonté d'aimer aux cœurs secs et ramancherait mon histoire et celle du monde.

Sur sa lancée, *la vieille fille* titubait. Puis, avec son obscure douleur pour second souffle, elle courait vers elle-même.

***

Nommer l'espace entre l'enfance et l'âge adulte, entre l'air et la chanson, entre les promesses et le réel, entre les grands frissons et l'abandon, entre le calcul et le don, entre l'envie et l'élan, entre l'orgasme et l'extase, entre le survoltage et la sincérité, entre l'aveuglement et l'authenticité, entre l'éden et l'oasis, entre la passion et l'amour, entre le privé et le public, entre le mariage et l'union, entre la famille et la tribu, entre l'anarchie et la liberté, entre la vieille fille et la célibataire.

Réécrire l'histoire, refaire la route, lâcher la nationale du désespoir, prendre une route secondaire pour finalement suivre ce chemin de halage vers une prairie semée de lucidité. Imiter l'approche scientifique, isoler les facteurs déterminants induisant le résultat final certainement vrai même s'il avérait injuste.

Elle s'était entêtée à écrire pour choisir seule et en tout état de cause, pour gérer objectivement sa légitime sortie ou sa continuation. Bien que durant des années obstinément elle avait pioché, retourné, désherbé, aéré, travaillé son clos, elle était encore tétanisée par le désamour.

Ce fut long, mais finalement, je me suis apaisée. Je n'avais pas mal aimé. J'avais été aimée passionnément et tout aussi chichement. L'un pouvant d'autant aller avec l'autre que le clan humain préfère la sécurité de la grotte à la liberté des grands espaces.

À l'aube de la retraite, plus férue d'art et de culture qu'experte, la vieille fille gérait un musée. Avant – le temps d'une longue convalescence –, elle était boulangère-exploitante comme on dit en France. Bien avant, elle travaillait en communication. Tour à tour, elle avait défendu les cyclistes, les agriculteurs, les artisans, les ruraux. Et les femmes, tout le temps, de jour comme de nuit, au lit comme au bureau, au pétrin comme à l'Assemblée nationale, à poil comme en robe du soir.

Après avoir échoué à faire une école de théâtre, j'ai étudié au cégep en lettres puis en sciences humaines sans math. Avec la désinvolture patentée qui caractérise l'adolescence, à 16 ans et à six mois d'intervalle, je prenais mon premier amant et mon premier appartement.

L'amant ! trentenaire, marié, père de deux bambines, l'embrassant mieux que l'ado du village et glorifiant sa prétendue maturité – enfin grande fille, aimable et désirable dans un regard adulte – elle ne vit jamais qu'il avait franchi la ligne de l'acceptable. Satisfait, flagorneur, pygmalion, il prit sa virginité sans cœur, sans remords, sans brutalité. L'ère était encore à l'interdiction d'interdire tant pour lui que pour son amie. Celle-là même, l'accommodante logeuse californienne rencontrée au village, qui leur offrit une chambre éclairée d'autant de bougies qu'une cathédrale à l'occasion d'une nuit pascale. Une manière d'accompagnement idéologique qui lima jusqu'à l'idée de l'abus tout en lui tapissant la bouche d'un arrière-goût de fatalité.

Les abuseurs savent détraquer les consciences.

J'écoutais alors autant Jacques Brel que Jacques Michel. Jamais de groupes, jamais de rock. Parfois, King ou Fitzgerald avec Maurice, l'ami originel. Je gagnais déjà mes études, mes cigarettes et mon pot de beurre d'arachides.

Je suis toujours allée au théâtre, au cinéma ou en voyage seule. Au cégep comme à l'université, j'eus des amis, *Le jour* ou *Le devoir* à lire, des amants et parfois des amantes, des causes et des idées, des rêves et l'ambition du bonheur, de la curiosité et de la volonté à revendre, des histoires de famille lamentables et le besoin de les raconter pour les comprendre, des principes et plus de religion, des insouciances et des dettes d'étude, des étourderies et, inattendu, un bébé dans le ventre à 22 ans.

Sans avorter, elle avait roulé entre Paris, Amsterdam, Saint-Malo. Son premier amour, une éternelle, la voyait alors comme une île dérivante. Pour amarrer paisiblement son bedon rue Saint-Denis, Montréal, être libre et libérée, la vieille fille consentait sans hargne, ni hésitation à être mère célibataire. Pour la suite du monde, elle voulait une fille.

Elle répétait son mantra : « la vie c'est correct même quand ça dérange ». Elle assumait. Sa grossesse ne fut jamais motivée par un idéal. Grosse comme un baril, enflée de vie, elle accompagna une copine chez Morgentaler, laissa le géniteur à lui-même, croisa sans l'apercevoir l'amour de sa vie, prit la tête d'une manif pour que les sage-femmes accouchent d'une profession reconnue et tomba de son vélo la veille de son accouchement.

Son vélo... elle mit quarante ans avant de pouvoir s'en départir. Il était son talisman, son espoir de toujours pouvoir fuir pour se recréer.

Enfant, je n'ai jamais dessiné, encore moins bricolé, un peu colorié, beaucoup écouté les grandes personnes, surtout les tantes, et tellement écrit depuis que j'ai croisé Louise, cette jeune professeure, fille du village et titulaire de la quatrième année.

Enseignant moins l'orthographe et la grammaire que la joie d'explorer et d'apprendre, elle m'a accueillie même dyslexique, m'a présenté les dictionnaires, inscrite à jamais à l'éducation permanente, suggéré l'écriture comme matériau de construction de moi-même et offert des câlins en guise d'étoiles.

Depuis, j'ai tout écrit : des rimes naïves, des cahiers cadenassés, une nouvelle primée en deuxième secondaire, des chroniques dans l'hebdo du village, un roman en quatrième secondaire, du théâtre dès le collégial, des journaux intimes. Sous d'autres noms, des mémoires, des discours, des communiqués de presse. Un autre roman, de nombreuses missives, un essai biographique publié, puis inopinément des poèmes, des récits, des lettres sans timbre et des mots d'amour numériques. En dilettante, en secret, en vacances, en robe de chambre ; en éternelle écrivaine du dimanche.

Jeune femme, la vieille fille n'avait su répondre à la seule question que lui ait posée son psychanalyste. Ignorant tout de ses habitudes et après six mois de consultation, il lui avait demandé : pourquoi écrivez-vous ? Terrifiée qu'il ait entendu ce qu'elle n'avait pas dit, elle a abandonné les séances. Elle était sortie presque en courant de son cabinet. Elle ne reviendrait jamais.

Désormais burinée par cette question lancinante, elle vendrait ses mots comme d'autres leurs caresses. Passant du journalisme à la communication, elle estimait que son gang professionnel comptait beaucoup de mercenaires à l'embauche des groupes d'intérêt et trop peu de défenseurs du bien commun. Elle comparait souvent les relations publiques, surtout le lobbying, à une autre façon de faire la rue, de putasser.

Ne rompant jamais avec son franc-parler et cherchant à faire mouche, elle disait aisément que la caresse était le seul geste de communication parfait puisqu'elle dit en entendant, que la séduction, le charisme, le magnétisme étaient aussi essentiels aux leaders qu'aux cocotes.

Dernièrement, ayant fait des mots une issue de secours entre moi et le monde, faisant de l'écriture ma possible rédemption, j'ai craint de renoncer, d'arrêter sans avoir commencé. L'intime devenu instantanément banal, futile, désuet, bâillonné par la marche du monde.

D'abord, un diable d'homme a tué à Québec. Puis, un autre a fait tuer à Kiev. Les mots se taisent. L'intime et le public s'amalgament jusqu'à la dilution du privé. Les larmes conviennent mieux au viol de l'innocence collective.

Encore et encore arrive en ville la folie macabre, la face maudite de l'âme humaine, l'enfer muselant. Toute une jeunesse intoxiquée à mort, vivotant aux extrêmes, poursuit l'épouvantable et interminable tragédie contemporaine. Trump lorgnant encore la Maison-Blanche !

Sur la scène des temps actuels se joue le sombre ballet des têtes brûlées en armes prenant d'assaut des vies toutes pailletées de l'ordinaire de leurs promenades, de leurs limonades, de leurs dimanches.

Même théâtre, autre scène, le sinistre ballet des bonzes vestons-cravates capitalisant sur leurs prochains, leur travail, leur air, leur sol, leur eau, fait salle comble depuis des décennies. Commentant autant ce cirque que ces perfides cambistes, Diderot redirait : « vendeurs de tout et faiseurs de rien ».

Dans la fosse, en sous-sol, comme coule la rivière, du levant jaune au couchant rouge, d'ici et d'ailleurs, des délires rageurs, vengeurs, de grandeur et d'ordre nouveau s'expriment, s'animent, s'imposent puis galvanisent en pétrifiant le cœur des mères et des poètes.

En clair, la guerre, toujours si imminente, et tant faite, est dans l'ordre des choses. Acceptable à toutes les sociétés, de toutes les époques, à toutes les générations, aujourd'hui elle occupe autant les économistes, les industriels, les présidents, les chefs de clan, les prophètes que les généraux. Chef-d'œuvre de propagande et gobeuse de toutes les colères. Même la tienne, jeune âne écervelé, qui blasphème sur toutes les tribunes virtuelles contre les biches et les cigognes à l'instar de l'imam ou du rabbin orthodoxe officiant à la prière.

Pourtant « l'amour est incomparablement meilleur que la haine, elle (il) ne saurait être trop grande ; joignant à nous de vrais biens »[2] dont certainement la fraternité, cette œuvre de civilisation.

Pubère au temps du « peace and love », adolescente dans l'espoir d'un Québec libre, jeune femme interpellée par la pensée de Wilhem Reich, celui qui chercha le lien entre Marx et Freud, je suis d'un temps qui n'est plus : celui qui s'écoula entre les bienfaits de la pilule et les méfaits du sida. Celui qui fomenta une révolution des mœurs pour une génération qui ne sut jamais muter l'ordre des choses, car elle avait pris l'amour libre pour l'amour vrai.

La soixantaine venue, ma tête dure et mon cœur de pomme sont toujours plus confortables à la marge des idées reçues, en retrait des bonnes gens, baignés par la pensée critique. Et pour cause ! En soi et autour de soi, face à l'histoire et devant nos histoires, l'amour est « la plus grande des dissidences »[3]. Une manière d'obstination personnelle de refuser d'entrer dans le rang, de renier la marche du monde, de réfuter le néolibéralisme, de déserter les églises, de veiller sur sa peau, de défier Lucifer, de biner son âme, de magnifier l'expérience humaine.

Quand l'amour cesse d'être un vœu pieux, une vue de l'esprit, une ode, un raffinement culturel, une

---

[2] Descartes.

[3] Vaclav Havel in *Recueil des Discours choisis.*

« inaccessible étoile »[4], un précepte religieux, une idée de jeunesse pour être une dissidence, il est un acte de résistance, une volonté politique, un plaidoyer lucide, un « moteur de survie », un engagement solennel, un ancrage solide. Sans église ni synagogue, sans imam ni vicaire, sans saint ni kafir, sans armée ni prophète, sans loi ni péché, sans prière ni slogan, sans enfer ni paradis, sans élu ni mécréant, sans chevalier ni princesse, sans dieu ni vierge.

Juste un choix quotidien librement consenti, refusant les évidences distillées par l'histoire et ses faits haineux ou l'actualité et ses nouvelles tragédies. Il se déploie dans l'isoloir, dans le métro, dans la rue, en famille, en communauté, au bureau, au resto, au lit. En grand comme en petit, en bas comme en haut, au-dedans de soi et envers l'autre, en silence et en actions.

Plus j'ai vieilli, moins j'ai admis que l'amour est impossible. De peines d'amour en désespérances aliénantes, de trop d'échecs en si peu de victoires, d'amitiés imperturbables en enfantement, de trahisons en complicités, de guerres propres en sales dictatures, devant la marche du monde et le cœur humain, il est devenu le sens de toute mon expérience humaine. En petit et en grand format, face à toi, mon prochain Amour, ou aux gratte-papiers de ce monde, car il est « (…) le plus banal, le plus universel, le plus puissant des sentiments humains (…) »[5].

Moins l'amour livrait ses fruits, plus il m'entraînait vers la dissidence. Mes déboires amoureux tout comme la

---

[4] Jacques Brel in *La quête,* 1968.
[5] Patrick Lagacé in *La presse +*, 20 octobre 2019.

gamme des barbaries anciennes et nouvelles, y pensant bien, je les attribue plus aux mascarades d'amour qu'à son improbabilité. En somme et ensemble, ils forment un amalgame qui me convainc que la mansuétude est un chiche refuge affichant complet.

L'air ambiant et moderne colporte la pingrerie de l'individualisme sous-jacente au néocapitalisme. En amour comme en affaires compteraient d'abord le rendement, le retour sur l'investissement. Et chaque saison de tornades romantiques fait le reste et bouleverse les cœurs comme les bourses et les parlements. Les tribuns et les troubadours ont des ritournelles semblables bourrées de facéties. Les mêmes mythes, la même quête de profit au lit, aux élections ou à la banque. Un minimum d'investissement pour un maximum de profit.

Encore gamine et bouffée par la douleur, la première fois que j'ai aimé à mort c'est en accouchant. Confusément, d'instinct, cet état second m'annonçait, sans que je n'en comprenne rien dans l'instant, qu'aimer donne tout, même la vie, en ne protégeant de rien.

Ce n'était donc pas une assurance, mais un engagement. Ce n'était pas un port, mais un détroit. Ce n'était pas une fin, mais un processus. Ce n'était pas un prêt, mais une ardoise. Ce n'était pas une romance, mais une volonté. Ce n'était pas Hollywood, mais *Graal.* Aimer était une action, pas une intention.

S'éloignant lentement, très lentement d'une compréhension échafaudée, religieuse, mystique, conventionnelle ou intellectuelle, elle entrait dans une compréhension intuitive, émotive, minérale, sensuelle qui trouvait son appui et sa perspective dans un enfantement, une amie, une nuit, un geste, une heure, une histoire ; dans le réel. Elle disait souvent aux copines « qu'il est difficile d'aimer ».[6] *C'est d'autant difficile quand on accepte facilement les caresses. Faible devant la chair offerte, elle s'était méprise. Écorchée, déçue, pantelante et toujours partante.*

Elle fut scotchée à son siège par Le déclin de l'empire américain de Denis Arcand. Deux projections coup sur coup lui confirmaient qu'elle avait eu raison de croire que l'art rendait mieux ce qu'elle comprenait alors de l'amour, du couple ou de l'érotisme et que renoncer à son projet de thèse de maîtrise en sexologie était conséquent.

D'ailleurs, c'est en séminaire de maîtrise qu'elle rencontra celle avec qui elle eut la plus longue conversation qu'il soit sur ces questions. Des décennies de discussion avec cette intellectuelle qui alimentait sa compréhension de ses lectures, de ses enseignements, de ses opinions, de sa vie de célibataire, résolument choisie, parfois amoureuse et toujours hors norme. Elle portait en elle-même le Refus global.[7]

Même qu'une fois elles furent amantes. « Parce que tu m'as touchée », avait-elle dit. Plus jamais le verbe toucher lui fut banal.

L'une et l'autre s'amusaient d'être des vieilles filles au quotidien sans pour autant être des recluses du cœur. Elles étaient plutôt vaccinées contre le couple, le mariage ou la

---

[6] Gilles Vigneault in *Le doux chagrin,* 1962.

[7] *Refus global* est un manifeste artistique, collectif et pluridisciplinaire, publié le 9 août 1948 à Montréal par *les Automatistes* aux Éditions Mithra-Mythe.

famille comme modèle garant des grands et des petits bonheurs.

Plus j'écrivais des discours politiques, plus le théâtre me semblait être un art capable de cerner le monde dans l'instant, car sa création a lieu *life* ; la salle comptant autant que la scène. Comme Camus, je comprenais que « lorsqu'un problème arrête d'être politique pour devenir humain, il est soluble ». Aussi, plus je côtoyais la classe politique et ses courtisans, plus je discernais que celles et ceux d'entre eux qui aiment travaillent mieux.

C'est Gil Courtemanche dans le premier tome de *Douces colères* qui met en lumière que l'amoureux autorise d'emblée l'aimé à opiner sur sa conduite. Évoquant son grand, très grand reportage sur le mortifère, deuxième épisode d'une même famine en Éthiopie, il écrit, précisant qu'il est nouvellement amoureux, à quelques mots près, il « fallait que ma blonde croie que j'avais tout fait en mon pouvoir pour faire mon bout ». L'austère et cynique journaliste humanisé par le regard aimant de sa blonde s'inscrit cette fois dans la voie proposée par Camus.

Dans *Lettres à Anne*, à six mois après leur première rencontre et quand il pratique encore le vouvoiement, François Mitterrand annonce qu'il veut s'expliquer sur la justice, l'intolérance, l'action politique à celle qui prend son cœur. « Votre regard heureux est pour moi comme une possession du monde, du monde tel que je voudrais aider à le construire. Et lui, ce regard, déjà, m'aide à vouloir être digne de cette ambition. »[8]

---

[8] Mitterrand François, *Lettres à Anne,* 1962-1995, Gallimard, Paris, 2016, pp. 117.

Aimer et être aimé, être intimes, ouvrir et partager avec l'autre son jardin secret, noue le privé et le public, le personnage et la personne, soi et sa représentation, déploie l'intégrité et l'authenticité de chacun comme essentielles. Pareil en dedans et en dehors, unifié au moins dans un regard, comment pourrait-on être bourreau et veiller sur son aimé ? Comment pourrait-on mentir au public et composer des comptines à ses enfants ? Comment pourrait-on trahir ses engagements et être fidèle à l'ami ? L'un ou l'autre, tôt ou tard, donnerait un coup de pied fatal à la mascarade. Aimer c'est délibérément choisir et nommer son juge et son ange. Les bourreaux s'en gardent bien. Car leur cupidité servile aliène jusqu'à leur capacité d'aimer. C'est une erreur de jugement que de croire que les tortionnaires et leurs donneurs d'ordres peuvent aimer tels les justes. Il y a plus d'amour à donner sa vie qu'à en prendre une.

En outre, c'est en courant le triathlon des soins à donner au poupon qu'on apprend qu'aimer est exténuant. On apprend que de cette abnégation naît la seule façon d'aimer qui dure. L'amour presque animal de sa progéniture enseigne aussi qu'il faut border les enfants même adultes pour qu'ils s'épanouissent leur vie durant. Surtout que l'on comprend qu'en accouchant on aurait pu donner sa vie pour un inconnu. Alors, et depuis, la liste des attentes préassemblées est à l'évidence bien futile. L'ouverture à la différence voire à l'inconnu est garante de mieux en société comme en privé. Pouvoir immigrer comme pouvoir accueillir ne peut prendre racine qu'en soi pour être chez soi chez les humains.

Comme le chanteur Bono, la vieille fille croyait « qu'il faut être totalement déraisonnable en amour ».[9]

Elle a beaucoup, vraiment beaucoup conversé. Ennemie jurée du small talk, au travail comme en amitié, avec ses confidents comme des inconnus, avec des ados comme des vieilles, dans son salon comme à la radio publique, elle avait parlé d'organisation sociale ou commerciale, de gouvernement comme de groupe communautaire, du Québec et du Canada, de voyage et de patrimoine, de terroir et de modernité. D'amour, d'amitié, d'histoires personnelles, de liberté, de sexualité et d'érotisme à Radio-Sexe, au Devoir et deux ou trois fois à la télé. Certains gars, dont plusieurs collègues, et deux de ses patrons lui avaient confié n'avoir jamais autant ouvert leurs cœurs. Et ses jeunes amis lui faisaient la conversation si heureuse ne sachant pas encore louvoyer ou s'économiser. Ils lui donnaient espoir. Ils lui plaisaient même si elle savait qu'en vieillissant, ils risquaient de se policer.

Comme mon chien, un grand caniche royal, m'a aimée ! Il était heureux de chacun de mes retours. Il me pardonnait mes impatiences et savait lécher mes plaies visibles et invisibles. À ses côtés durant 12 ans, dans son dernier souffle, j'ai espéré avoir appris à mieux aimer.

Des mots entendus ou des gestes observés, ce qui m'étonne généralement le plus est la distance entre les conjoints. Toutes classes sociales, toutes races, toutes orientations sexuelles confondues. Comme si la tendresse, la délicatesse, la fête un soir de semaine, le bout du cœur

---

[9] Bono in *Les instants Paris Match de la Presse+,* dimanche 6 novembre 2022.

appartiennent à l'amorce, au coup de foudre, au temps si court des premiers grands frissons.

Mon autre constat – bien malgré moi – est qu'en général et encore aujourd'hui, le projet amoureux des femmes finit invariablement refermé sur le couple, la maternité et la famille, n'ayant pour seul territoire de réalisation que la maisonnée. Le monde si vaste et captivant pour les jeunes amants se ratatine au gré des saisons au carré de pelouse à tondre. Entre cet hier et ce maintenant, entre la rencontre et l'arrivée des enfants, les esprits clairvoyants remarquent la fuite goutte à goutte du désir, de la sensualité, de l'érotisme. Le cocuage – trop souvent – mettant fin brutalement au rêve du couple uni pour toujours des femmes-mères.

S'il est un acte honni, c'est bien le refus de sacrifier les plaisirs, notamment intimes, au bénéfice des obligations, notamment familiales. Or, c'est insidieusement ce que l'on fait en laissant entrer chez soi la familiarité voire la grossièreté. « Le mariage, aurait dit Leonard Cohen à Nathalie Petrovski, c'est l'ultime liberté de marcher nu devant une femme sans se demander si on va plaire ou non (…). »[10]

Elle était ébaubie que l'on puisse être plus délicat pour ses visiteurs que pour son amoureux.

Au fond, dans le même ordre d'idées, ce que lui avait soufflé cet amant qui voulut laver ses bobettes maculées de son sang menstruel. En adéquation avec ses opinions, durant toute sa vie fertile, la vieille fille s'est gardée de

---

[10] Petrowski Nathalie in *La Presse+*, 12 novembre 2016.

mettre son diaphragme en présence de ses amants ou ses amoureux. Elle gérait seule et étroitement sa fertilité qu'elle ne voulait en rien mêler à l'érotisme.

Jamais ne lui était vu l'idée de magasiner ses vêtements encore moins ses dessus avec ses chéris. Elle édifiait un mur entre l'ordinaire et l'amour. En temps de disette comme de prospérité, elle gardait au fond d'une armoire des douceurs pour les heures langoureuses. Cette manière de faire, elle l'avait apprise d'un amant sans-le-sou revu d'Europe avec un produit exceptionnel pour l'époque : une tartinade au chocolat nommée Nutella. Ce partage au lit fut une telle offrande qu'elle en fit un enseignement.

À l'évidence, la séduction, cette bougie d'allumage de l'érotisme, a besoin de distances, d'étonnements, de frôlements, de murmures, d'extravagance, d'inusité, de délicatesse, d'étourderie, d'enchantement… Alors que la famille se construit d'ordinaire dans l'usuel, le quotidien, les rites, les habitudes, la sécurité, le confort… Or, le projet amoureux n'est pas de facto ou naturellement un projet de couple puis de famille. Ce dilemme qui se dresse devant les amants amoureux est certainement plus encombrant pour les hétérosexuels. Quoique les homosexuels embrassant les manières de vivre majoritaires confrontent les mêmes questions. Brel, dans sa chanson phare *Les vieux amants* parle des tempêtes « dans cette chambre sans berceau ». Il est évident que, de toutes ses forces, cultes et occultes, notre société a fait son lit en faveur du continuum : rencontre, union, de préférence contractuelle, famille. Cette famille où l'amour se sert en la resserrant. La plupart du temps au profil des enfants.

Selon la vieille fille, les fées, les elfes, les déesses, Ève, Marie, la reine Victoria, les poupées de porcelaine ou maman Plouffe savaient que leurs vies fabuleuses magnifiaient la survie de l'espèce en réduisant à presque rien le prix que les femmes de tout temps et de toute civilisation payaient pour la continuation d'une humanité hiérarchisée et guerrière.

En outre, l'adéquation entre les formes les plus abjectes du patriarcat et de l'esclavage des Égyptiens, aux Sudistes américains ou aux Talibans lui semblait échapper au discours public. Bien sûr qu'elle savait que de nombreux intellectuels s'affairaient à associer l'un à l'autre. Hélas la parole commune ne témoignait pas du fait que le patriarcat, cet atavisme du pouvoir, avait organisé, dominé, colonisé le ventre des femelles à son profil plutôt qu'à celui des hommes.

Elle choisissait ses mots parcimonieusement. Elle ne voulait pas dire les hommes pour nommer le patriarcat comme elle ne voulait pas dire les femmes pour nommer cette possibilité d'enfantement des femelles. Ces distinctions lui semblaient cruciales, car elles engendraient des possibles en dissociant les personnes des dogmes.

Dans son esprit, le patriarcat ne serait pas battu par le matriarcat. Le ventre des femmes n'était pas un calice de bonté infinie et la bedaine des hommes fourrée de poudre à canon.

Faire mieux, différent obligerait chaque homme et chaque femme à déconstruire le monde établi, appris, récité, glorifié ad nauseam.

Ses opinions, elle les échafaudait, puis convaincue, elle les partageait inopinément. Elle refaisait le monde trop souvent pour être populaire. Comme elle fleurait aisément l'humeur exaspérée, la susciter la confondait. Alors, se raillant d'elle-même, elle rêvait de vendre sa caboche pour sombrer dans une douce folie.

Toujours à se balancer entre ses paradoxes et certainement verbo-motrice, elle savait que parler lui mettait les idées en place. Sans le nommer, le réel lui échappait. Certes elle ne disait pas tout. Elle se faufilait habilement derrière ses inconvenances choisies. La vieille fille disait : chacune de mes révélations est choisie pour appuyer mon propos. Rarement spontanée, elle ne se confiait guère sinon à ses gribouillages.

Toute façon de vivre de travers nourrit la suspicion des uns, la distance de certains et la répression des mollahs.

Rien n'est plus contraire à l'ordre établi que de revendiquer jusqu'à sa mort le droit au bonheur et aux plaisirs notamment de la chair. La famille, ce socle de la société, a d'autres exigences, d'autres priorités et connaît d'autres succès.

Il me semble même que nos filles ont attiré leurs hommes dans une vision toute féminine du projet amoureux. Victimes collatérales des divorces, des tentatives vaines et soixanhuitardes de réinventer le couple et la famille, elles ont remis l'unité d'esprit et de corps au goût du jour. Même que ces amours 2.0 se scellent définitivement, c'est ce que ces couples affirment à l'arrivée du premier enfant. Les milléniaux croient marcher un chemin de traverse en partageant les tâches, toutes les tâches même, et surtout, celles liées à leur progéniture. Dans le regard attendri et envieux de leurs mères fatiguées d'avoir géré seules la maisonnée et la famille se trouve un encouragement truffé de l'idée simplette que la façon d'aimer des femmes et le projet en découlant est garant d'une meilleure vie, car plus aimant. Or, cette vie-là, toute rénovée par les mêmes vieilles idées liftées, n'a pas donné ni tout son miel ni tout son fiel.

De l'absence de mariages aux mariages arrangés, aux mariages religieux, aux mariages polygames, aux mariages entre les grands royaumes et les petits duchés, aux mariages interdits, et jusqu'aux mariages modernes et occidentaux fondant la famille nucléaire si bien adaptée à l'ordre libéral et bourgeois, l'institution du mariage se maintient en adéquation avec tous les temps et leurs mœurs. Même qu'aujourd'hui les gays et les conjoints de fait en réclament le statut et les avantages financiers inhérents. À cet égard, il est difficile d'imaginer que les avantages puissent être offerts sans adhésion à l'institution.

Or, il est un choix parfaitement légitime de refuser les liens du mariage pour se garder invariablement libre d'être amoureux. Dès lors, tous les engagements, les devoirs, les obligations, les responsabilités, les accompagnements, les héritages, les legs sont librement consentis sur la foi d'un amour vivant et sincère. Pas refuser le mariage par commodité, sophisme ou radinerie, mais par choix éthique convenu. D'ailleurs, ceux et celles qui rêvent de mariage ne devraient jamais accepter un autre projet sans prendre le risque d'une grande désillusion. L'idée répandue que les unions de fait seraient une autre forme de mariage est une hérésie. Ne pas choisir le mariage pour s'allier, pour s'unir à quelqu'un est un choix aussi grave et déterminant que celui du mariage. Il exige notamment un consentement libre et éclairé. Cependant et à raison, la gestion financière et juridique de la famille doit par égard absolu pour les enfants être cadrée par la société et appuyée sur l'idée des adultes conjointement chefs de famille : responsables et égaux devant leur progéniture.

À l'évidence surtout dans le regard d'autrui, être en couple ce n'est déjà plus être célibataire. Alors que paradoxalement être amoureux préserve le statut de célibataire.

La vieille fille rêvait de fiançailles pour la promesse solennelle, pour la foi en l'autre qu'elles pouvaient symboliser. Elle croyait dur comme fer que l'amour obligeait plus que tout. Pour preuve, elle évoquait souvent l'amour parental.

Elle refusait obstinément d'adapter son cœur à l'étroitesse d'âme, de ratatiner son idéal ou pire de négocier les conditions pour aimer. Depuis sa cinquantaine, elle annonçait sans réserve ses couleurs. Elle n'avait plus aucune autre ambition que celle d'aimer partout, tout le temps, le plus possible. Conséquemment, la vieille fille marginale fréquentait assidûment la déception, le désespoir et le désert sexuel. Elle disait : quand je dis « je t'aime », j'engage ma vie.

Ceci expliquant cela, sa désespérance inspirait ses indignations alors que son esprit critique fomentait un mépris certain pour les thérapies comportementales qui promeuvent l'adaptation des âmes aux dictats sociaux.

Profondément lucide et affligée, la vieille fille au cœur de pomme humait autant dans la larme d'un collègue que le cri d'un passant l'odeur du mal de vivre qui corrodait l'Occident.

Comme si l'amour ne pouvait pas être ce sentiment humain qui engendre sa propre grâce, son propre sens en sublimant la triste condition humaine.

À défaut d'idéal viennent les dogmes où invariablement l'amour est plus légitime, plus aimant, plus noble lorsqu'il tend au créateur notamment grâce au mariage, ce sacrement autorisant l'exercice érotique voué à la procréation donc à la survie de l'espèce. En bas-côté, il y a toujours le mariage par la donation de sa vie aux ordres plus ou moins adorateurs, monastiques, réparateurs et infertiles. « Par toi, Anne chérie, je communique désormais avec la splendeur des choses créées et, si peu que ce soit, avec la souveraine intelligence du créateur ».[11] C'est ainsi que le futur président de la République française transcende son amour adultère pour Anne en le parant d'un caractère quasi sacré.

Son esprit affûté savait que la déification, la solennité remplaçait temporairement aux yeux des amants la légitimité manquante de leur union. Le temps que durent les roses, ils se croyaient uniques, différents, étrangers à la routine du mariage. Elle en avait fait l'expérience comme si son lit avait été un laboratoire. Un laboratoire froid et branché sur ses pulsations cardiaques comme au

---

[11] Mitterrand François, *Lettres à Anne*, 1962-1995, Gallimard, Paris, 2016, pp 262.

temps de son bac en sexo où elle se masturbait pour « faire avancer la science ».

Souvent elle se demandait si c'était pour ne pas devenir épouse qu'elle avait passé sa vie au lit avec des hommes mariés? Ou pour faire comme son père ? Pour ne pas faire comme tout le monde aurait dit sa mère. Ou parce que les dés avaient été ainsi jetés ?

Comme si elle avait échappé en route la clef de sa propre histoire, cent, mille fois elle a arpenté son clos cherchant une réponse, un narratif qui puisse la satisfaire. Ces questions-là la momifiaient vivante.

Elle ruait si on évoquait qu'elle avait manqué de pragmatisme devant les charmeurs. Quel pragmatisme ? Celui derrière lequel on dissimule les horreurs du privé ? Elle égrainait alors les exemples, les défaites, les mensonges, les tromperies, les fourberies, les abus, les viols...

Elle était un paradoxe. Sa propre surdose.

Répudier que vivre la vie vivante noblement offerte par l'extase où l'orgasme donne une impression d'éternité offrirait un sauf-conduit au religieux et dompterait la passion. Cet ardent bonheur serait coupable, un péché mortel hors du sacré mariage. Les religions ont maté l'âme humaine comme les lois ont cadré l'institution du mariage pour que la suite du monde avance dans l'ordre. Illustration caricaturale s'il en est : les époux qui se nomment par leurs fonctions parentales.

Adolescente, et dix ans durant, j'ai couru d'une histoire à l'autre. J'étais sans fondement et assoiffée de connaître. Ma famille immédiate comme élargie n'offrait aucun modèle qui témoigne d'une histoire d'amour sincère. Et les histoires des familles, parentes ou amies, étaient criblées par tant d'abus et de tromperies sexuels aux formes et aux couleurs variées que ma jeunesse a été une frénétique chasse aux trésors les yeux bandés. Un œil couvert d'un rêche désamour et l'autre d'un soyeux romantisme. Deux ou trois fois j'ai frôlé l'amour, démarré des amitiés immortelles et appris à faire l'amour. Candide, je croyais que si je comprenais la sexualité humaine, je comprendrais l'amour. C'est ainsi que j'ai quitté les Sciences Po pour la sexo. Étudiante éclectique, déjà férue de Wilhelm Reich et de Herbert Marcuse, croyant que l'érotisme ouvrait le passage discret vers l'amour, je pensais que ma scolarité m'expliquerait ce qui m'échappait.

Convenant finalement que l'érotisme est la poésie des corps, ma déconvenue intellectuelle m'a inspiré une parade en talons hauts vers les poètes, hommes ou femmes. Je cherchais désespérément une âme emballante capable de faire le plus exaltant voyage humain : aimer.

Entre essai et erreur, au jeu de serpents et d'échelles sentimental, ma jeunesse s'est terminée par un grand amour impossible dont je n'oublierais jamais la douceur. Une allée large, lumineuse, fleurie se terminant brutalement sur le mur infranchissable d'un mariage et du mariage.

Après des nuits d'errance, elle avait imploré la folie de la soulager de sa peine. Pourtant chaque matin, la vieille fille se levait, faisait le déjeuner de sa fille, courait à la garderie, au travail, de nouveau à la garderie. Après le souper, le bain, l'histoire, dans le silence du dodo de l'enfant, elle répudiait son prince, évoquait son père et maudissait le mariage.

Son choix du célibat était définitif. La vie lui offrit pour se consoler un amant parisien, beau comme un Italien, son pays d'origine, venu chercher à son flan un sens à sa vie ; une année légère sans conséquence sinon un emballement pour l'Italie.

L'instruction lui avait permis d'immigrer, de bouger vers une certaine élite intellectuelle. De surcroît, elle avait appris la civilité, la déférence et refait sa garde-robe. Ainsi, elle serait transfuge au détour de ses trente ans allant du journalisme à la communication, de la ville à la banlieue, de Desjardins à une banque, de la garderie à l'école primaire pour sa fille, du vélo tout le temps à l'auto de plus en plus souvent, de la douceur à la fougue, d'un sherpa à une bête politique, du mur invaincu au mur invincible.

Inassouvie, dans son bain, dans son auto, dans son lit, elle remontait à rebours son histoire. Elle fouillait le terreau de son jardin pour comprendre ce qu'elle ne comprenait pas, pour s'expliquer son tronc tordu.

Toute sa vie, du village, à la ville, à la banlieue, à la campagne, de la trentaine à la soixantaine, elle réécrivait toujours le même récit comme si des mots affinés livreraient un autre sens, celui qui puisse la rattacher à la vie.

À l'université, à table, en terrasse comme en voyage, j'ai posé tant de questions. Qu'est-ce que l'amour, le rapport amoureux ? Les mariés s'aiment-ils vraiment ? Le couple est-il un accouplement ? Ou n'y a-t-il que la libido ? Née en fin du peloton des baby-boomers, l'époque favoriserait, surtout chez les élites, l'exploration de ces questions comme la tentative d'apporter des réponses. Tellement imbus de nous-mêmes, fascinés par l'inusité, critiques de tout, adeptes des plaisirs immédiats, réfractaires à l'ordre, on a cru refaire le monde en baisant beaucoup. « Le discours du plaisir gagnait tout. »[12]

Souvent désabusés, imbibés d'une certaine solitude affective, apeurés collectivement par le sida alors incurable, beaucoup se sont rangés la trentaine venue, s'attelant à la suite des choses et à leur confort. Le travail, les enfants, l'hypothèque, les crises économiques, l'individualisme, la consommation ont grignoté les aspirations et rétabli le sécurisant ordre des choses. Dans l'humus du « peace and love » ont tout de même fleuri les droits de certains groupes comme ceux des femmes, des enfants, des homosexuels, des handicapés, des Noirs, etc. Le chambardement n'aura fait qu'un temps bien « que le monde soit une baraque qu'il faudra remettre d'aplomb et d'équerre à coup d'amour et de tendresse (…) »[13].

Après une trentaine dans tes bras du lundi au jeudi, toute ma quarantaine j'ai glissé sur la paroi poisseuse de la dépression. Obsédée par une seule question : qu'est-ce que tu dis quand tu dis je t'aime ? Pendant des années, souvent après l'amour, j'ai répété ma question. Comme tu n'as pas répondu, jamais répondu à cette question cruciale, notre grand amour s'est disloqué, car tu l'as vécu avant toute chose comme illégitime.

---

[12] Ernaux Annie, *Les années*, ed Gallimard, Paris, 2008.
[13] Julios Beaucarne in *Lettre ouverte*, 1975.

Tu as fourni des efforts pour m'aimer, incluant la mise en place d'une bonne distance avec ton mariage. Pourtant, sans témoin, nous avions marié nos âmes et nos corps essentiellement au fil du travail et des espoirs communs d'améliorer le monde. Une brillante complicité de tête et de cœur qui me donnait à croire que nous étions intégralement et vraiment amoureux. Toutes nos complicités dites et redites, dont nous pouvions parler durant des heures pour mieux nous délecter de leur unicité, me laissaient dans l'ombre. Nous nous aimions en sous-bois, en sous-main. Une union de sous-ordre.

Aujourd'hui, souvent, elle se nommait comme l'autre. L'écartée qui n'a ni nom ni statut, un peu comme ces demandeurs d'asile qui arrivent illégalement dans des pays prospères assurés qu'ils seront accueillis, que le soleil brillera pour eux, qu'un avenir s'ouvre.

Immigrante illégale et crédule, la vieille fille, l'autre, l'écartée apprendrait que le mariage est plus fort que la passion, l'amour ou même l'amitié. Les histoires illégitimes sont aussi nécessaires aux mariages que les travailleurs illégaux aux champs agricoles de Californie ou d'Espagne. Un rouage aussi essentiel à la prospérité des choses que les aveuglements qu'il appelle.

Pourtant, « c'est grave d'aimer. On chamboule complètement la vie de quelqu'un. »[14] Qu'est-ce que tu dis quand tu dis que tu m'aimes ? Surtout qu'affirmant que tu ne pouvais pas aimer plus, tu annonçais que rien ne change, que tu ne changerais rien et rien ne changerait et que l'amour entre nous n'y changerait rien.

---

[14] Demers Dominique, *Là où la mer commence*, Québec Amérique, 2011, pp.52

Une fois, une seule fois, à la tombée du jour où ton chagrin inhérent à notre rupture embaumait l'air, tu as dit : « c'est la première fois de ma vie que je perds vraiment ».

Pour toi, homme politique aguerri et pour un discours sur le rôle et la nature des manifestes dans l'action collective dont – comme toujours – la rédaction me fut confiée, le soliloque me sembla plus à-propos. J'ai mis dans ta bouche des mots que tu as interprétés brillamment : « Maintenant, je sais jusqu'à l'os qu'il est plus facile de changer le monde que d'aimer. » [15]

L'enjeu d'alors, entre nous, était d'aimer mieux, pas d'aimer plus. L'amour ne t'avait pas donné le courage d'aimer mieux ni celui de changer le monde à proximité, en bordure de ta vie en commençant par la sacro-sainte famille bâtie sur un mariage béni. Pourtant, tu en parlais tellement de changer le monde. Tu avais des opinions sur comment y parvenir, et le courage, disais-tu, de t'y atteler. Te voilà défait de l'intérieur, par le fondement même de l'ordre social.

Qu'est-ce que tu dis quand tu dis que tu m'aimes ? Les couples et leurs mariages, la moyenne des ours et leur frénétique besoin de sécurité ferment les yeux sur les histoires de cœur débridées. Ils les enferment dans la sphère du privé, voire du secret, en les assimilant à des histoires de cul où les femmes sont invariablement diaboliques. Toujours coupables de proposer la pomme, d'inviter au péché. L'amour n'étant jamais aussi juste, noble et immense que lorsque légitimé et encagé par l'institution du mariage

[15] Rainville Marie Anne in *Soliloque pour un vieil homme*, Événement Manifeste, CNA, Ottawa, septembre 2008.

ou d'un concubinage qui en a tous les airs. D'ailleurs, ces scénarios, opposant amours folles aux mariages justes, créent tant et plus d'intrigues servies chaudes ou froides et à toutes les sauces d'un film catégorie B à l'autre ou des téléromans du mardi à ceux du mercredi.

Aimer est l'affirmation forte d'une communion, fondant et déterminant tous les aspects de la vie. L'incarnation de l'amour peut bien sûr prendre des formes, des couleurs, des aspirations adaptées à chaque voyage humain. Un exaltant et très sérieux voyage où, quelles que soient les rudesses, les faiblesses, les détresses, les maladresses, individuelles ou collectives, la beauté et la bonté, la lumière surgit au détour de chaque retrouvaille. Que la terre gronde, que la guerre éclate, que l'enfant meurt en naissant, l'amour offre ce constant refuge de paix. « Tes p'tits mots doux oubliés au fond d'mes boîtes à lunch, pour me donner l'espoir, c'est mieux que la bible. Tes soupers après mes journées dures et ennuyantes, pour que je m'endorme en homme libre. Ton cœur, toujours là à m'attendre, indulgent comme une mère de tueur. »[16]

Pendant que tellement de gens seuls ou en couples ajoutent les téléséries aux téléromans, elle limitait son temps d'écran à l'information télévisée quotidienne. Elle refusait d'être complice de cette apologie roturière du couple.

Selon son jugement sans appel, que les intrigues téléromanesques se passent en campagne ou en ville, que leurs héros soient gays ou hétéro, hommes ou femmes ou sans genres, qu'ils travaillent à l'école ou en salle

[16] Richard Desjardins, *Kanasuta in Genny*, 2003.

d'urgence, qu'ils vivent à New York ou à Châteauguay dans un loft ou dans une chambre de bonne, elles tricotaient les mêmes histoires de couples où l'adultère rivalise avec l'orientation sexuelle pour pimenter le drame sans déconcerter le public. Plus ou moins habillés, plus au moins vulgaires, plus ou mieux vieux, plus ou moins riches, plus ou moins névrosés, les protagonistes copient, incarnent, questionnent, transcendent ou exultent ce qui fonde l'ordre social tout en minaudant avec l'audimat s'insurgeait-elle.

Parfaitement ignorante des derniers attributs de la culture populaire, méconnaissant les artistes à la mode, elle pestait sachant bien qu'elle n'exercerait aucune influence sur la suite du monde. En nourrissant avidement ses colères, elle se confirmait qu'elle ne céderait jamais un pouce aux idées reçues.

C'était un combat qu'elle avait engagé et qu'elle menait autant en silence lors de ses longues promenades que lors du bavardage autour de la machine à café de ses différents lieux de travail. Elle jubilait devant l'effet de ses phrases lapidaires. Elle les collectionnait et le réutilisait régulièrement. « Le mariage n'est pas l'amour. Il est un contrat. La famille, la famille, tous les fous ont un père et une mère. Est-il plus grave d'être un père incestueux qu'une mère castratrice ? Un baiser imposé et volé par un gars à une fille est-il plus agressif et agressant qu'une fille exhibant son corps savamment hypersexualisé ? »

Pourtant, des hors-d'œuvre au dessert, à table avec des intimes, elle adhérait aveuglément et volontairement à leurs histoires. Devant leurs affaires conjugales trop souvent bancales et vieillissantes, en son for intérieur hurlait un chien qu'elle muselait sévèrement pour garder vivantes et vivifiantes ses amitiés. À aucun d'eux elle ne partageait sa critique mordante ou l'étendue de sa déconfiture. Elle savait que son regard sur le monde n'était garant d'aucune félicité pour elle ou les autres.

Aussi, elle savait qu'on la jugeait peu crédible en ces matières. Elle pouvait entendre les questions murmurées dans son dos. N'était-elle pas seule depuis si longtemps ? Un peu suspect, n'est-ce pas ?

Pendant des lunes, après avoir pris congé de toi, j'ai joué, car j'avais eu tout faux en nous croyant du même amour, avec la mort. Certes, je l'ai défiée par la luxure. Manger, boire, baiser souvent, le plus souvent possible, avec un mécréant ivre, intoxiqué, mais gentil dont le sommeil javellisait la mémoire. Il n'a jamais su que je ne dormais pas, je veillais sur mon souffle. Longtemps, très longtemps, je me suis demandé comment tu avais fait pour que je ne t'aime plus?

D'abord, tu avais vu trop petit en protégeant l'ordre établi. L'amour était mort étouffé sous tes conditions. Tu avais pavé un sens unique : moi dans ta vie telle une ombre permanente visible que de toi. D'ailleurs, cette fois où tu avais dit : « je n'ai plus aucun autre objectif dans la vie que de te reconquérir jusque dans l'infiniment petit » m'a semblé, pendant plus d'une décennie, une immense déclaration d'amour, le maître étendard de la déclaration. Or, il aurait fallu que j'entende aussi que ta volonté de me reconquérir était celle de m'annexer à ta vie comme le faisaient autrefois les métropoles avec leurs colonies.

Comme celles-là, tu m'as pillée. Comme celles-ci, je croyais que tu te soucierais de mon bonheur.

Être le fils, le mari, le père, le leader, l'icône du militant tel que tu te représentais ces rôles t'était l'essentiel. Il y avait entre nous un conflit d'intérêts kaléidoscopique. Moral d'abord. Tu vibrais d'amour – tellement romantique – là où l'amour me mettait en action notamment auprès de toi. Suivait le conflit d'intérêts professionnel. Tu avais tout intérêt à compter sur moi dans le très restreint cercle de ceux qui veillaient sur tes ambitions, car tu savais ma loyauté indéfectible, car elle reflétait mon amour en action.

Vingt ans après sa fuite, elle était toujours liée à cet amant. Elle aimait la droiture du vieil homme. Elle avait pitié de sa solitude.

De loin en loin, elle donnait des nouvelles et en prenait. Elle ne voulait plus aucune intimité avec celui qui s'était économisé, avait protégé ses arrières. Un jour, il lui avait dit avoir « les moyens de la voir heureuse ».

Le big-bang... elle apprenait qu'il s'offrait un amour circonstanciel, limité au champ du secret et illimité en matière de collaboration professionnelle.

Malgré les formidables souvenirs, les batailles et les victoires, les rencontres improbables et exaltantes, les discours lyriques écrits pour lui par elle, les voyages d'affaires, les passages au cœur de l'arène politique, dans son dos et en cachette, elle haïssait cette histoire. N'avait-elle jamais consenti à n'être que la vieille fille, secrétaire dévouée ? Ou l'intrigante et flamboyante escorte aux bras de l'homme de pouvoir ? Ou banalement l'amour fou d'un homme marié et raisonnable ?

Comme les peuples ou les personnes abusés, vingt ans après sa fuite, elle rabâchait les mêmes anecdotes. N'en aurait-elle jamais fini ?

Or, l'amour meurt quand il est utile, nécessaire. Par nature, il permet d'atteindre l'infiniment petit de chacun des amoureux grâce, notamment, à la poésie de l'érotisme. Ce que Véronique Olmi nomme si joliment « cette liturgie païenne et sublime »[17]. Chacun des amoureux version améliorée par et avec amour distille des bienfaits. Dans le nous, les je s'émancipent amples de sollicitude, de compassion, d'accompagnement, de tendresse. Commence alors, du privé vers le public, le changement du monde incarné en des êtres et non dans des idéaux. Idéaux toujours gommés par les dogmes, tous les dogmes, incluant les religions auxquelles les élites de l'humanité ont eu tant recours pour subordonner notamment au mariage le ventre des femmes. Il fallait bien jalonner les héritages, assurer la survie de l'espèce et ses cohortes de guerriers, de travailleurs, de consommateurs.

Elle gardait bouchonné à la racine du cœur un souvenir, un secret bouleversant. Tapi si loin qu'elle en oubliait jusqu'à l'existence. Causeuse et authentiquement secrète, elle ne mentait jamais. Elle négligeait de dire.

Même si les hommes en parlent peu et que les femmes peinent à parler d'autre chose, chacun fait l'expérience de l'amour. L'exploration de ses facettes va et vient au gré des moments, des familles, des marées, des liaisons. Généralement, son absence instruit mieux que son

[17] Olmi Véronique, *J'aimais mieux quand c'était toi*, éd. Albin Michel, Paris, 2015.

abondance. C'est donc en essayant de comprendre l'amour de ma mère pour moi que j'ai compris qu'il pouvait être un devoir et que le cœur humain donnait à débit variable. Depuis, je chéris une image anatomique : certains ont la veine du cœur plus large, d'autres plus étroites. Héritage génétique, culture familiale, blessure narcissique, égoïsme caractériel, bouquet hirsute de tout ceci, une réalité demeure : certains, même en donnant 100 % d'eux-mêmes, donnent peu. Ma mère était de ce groupe. La veine du cœur étroite, mais le sens du devoir large, elle nous élevait en nous étant utile et sans générosité. Néanmoins, et du peu de ses capacités, elle n'a aimé personne mieux et plus que ses deux enfants. Bien sûr, elle aimait mieux et plus son fils. Il avait deux atouts : il était un mâle lui ressemblant.

Ma mère est aussi morte trahie. Convaincue d'avoir été bafouée et humiliée par son mari, mon père, car trompée avant même que je naisse, moi l'aînée. Elle n'a jamais profané le saint sacrement du mariage, même en s'y étant glissée sans amour pour son époux. Des échecs amoureux et maritaux de mes parents naît mon questionnement sur l'amour, et surtout ma lucidité, voire mon déni à l'égard du mariage. Mes parents, des gens bien comme on dit, se sont fait toutes sortes de cochonneries. En public, généralement restreint à la famille, surtout la sienne, Mater Dolorosa humiliait mon père, associant mesquinement son peu d'instruction à un manque d'intelligence. Toujours en famille, mon père harcelait et abusait femmes et jeunes filles jusqu'à plus soif.

Question mariage et famille, ma mère était mue par son devoir. Pour le mariage, mon père l'était par son plaisir. Pour la famille, ils partageaient la même dévotion.

Chez nous, en été comme en hiver, la table était accueillante et toutes les turpitudes de la vie étaient source de conflits. Ma mère excédée criait. Mon père invariablement serviable se taisait. Ma mère drapée dans son bon droit. Mon père confit par sa culpabilité. Les détails scabreux de notre quotidien allumaient une tragédie ordinaire et commune qui m'a burinée. Nous n'avons jamais eu faim, froid ou des ecchymoses. L'hypocrisie jusqu'à la fabulation a battu le passage à la suite du monde bien-pensant. Mon père garde encore le silence et demeure dépositaire d'un réceptacle inépuisable de bonté. Les abuseurs savent se faire aimer. Ils s'imaginent alors disculpés.

Jusqu'à sa mort, ma mère a multiplié auprès de moi des confidences distordues par sa vérité, incluant certaines fantaisies érotiques de mon père.

Leur couple et leur famille m'ont laissé peu d'illusions et l'opiniâtreté de faire mieux. C'est long d'apprendre à aimer, surtout en l'absence de l'amour maternel. Ressembler à mon père fut ma tare originelle et ma croix dans le regard invariablement froid de ma mère. Tellement froid que plus de cinquante ans après ma naissance et deux après sa mort, une tante babillant m'a dit : « ma mère, ta grand-mère, s'est toujours demandé pourquoi ta mère ne t'aimait pas ». Elle m'a déportée, en une phrase, dans cette enfance dont je n'avais pas guéri.

Pour vaincre la froideur maternelle, mettre le feu à des regards fut longtemps sa quête. Pyromane des âmes. Au bar comme en salle de réunion, la vieille fille aimait qu'on s'enflamme pour elle. Même qu'elle répétait qu'il était heureux qu'elle ne soit pas une grande beauté, car elle aurait été mille fois plus libertine que dissidente.

La passion et ses flammes n'étant pas l'amour, elle s'est indubitablement abonnée au désamour.

En ville comme en campagne, en version 1950 ou 2.0, le silence des hommes et la parole des femmes sur les choses du cœur propagent l'idée et l'image que le cœur aimant est celui de la mère, femme négligée puis aujourd'hui héroïne d'un féminisme populaire. Comme ma mère y croyait ! Incapable de résilience, elle portait sa blessure comme une preuve de la goujaterie de mon père. Jamais son regard s'est tourné au-dedans d'elle malgré ses heures d'église, de dévotions, de prières, de neuvaines ; jamais un pardon libérateur, une compréhension nuancée ou, mieux, une admission de son mensonge premier n'a affecté son expérience du mal, l'apanage des hommes, dont mon père.

Je suis toujours secouée par ces femmes, elles sont nombreuses, adeptes de la quotidienne détestation des hommes et qui leur consacrent leurs vies. Paradoxalement, ce qu'il est tenace, cet archétype voulant que le cœur des femmes soit plus vaillant. Les élites, toutes les élites, le recrutent, car les femmes sauraient « naturellement » faire les choses autrement. Avec plus de générosité, de compassion et de bienveillance. Des natures meilleures, vraiment ?

Ma mère s'évertuait à me mettre en garde, à me donner à voir que le cœur mâle est moins aimant puisque mité d'un appétit sexuel illimité. Pourtant, elle m'a tant demandé d'entrer dans le rang, de prendre mari, « de faire comme tout le monde ». Ou mieux, d'opter pour un célibat digne, donc chaste.

Malgré qu'elle ne fût jamais mon mentor, c'est bien ce qu'avait choisi la tante Cécile devenue religieuse pour éviter le mariage, pour annihiler – comme bien d'autres femmes et à toutes les époques, une sur 10 aujourd'hui au Canada – la maternité, pour échapper aux vaches et à l'ordinaire.

Menue, jolie, l'aînée déjà lasse des corvées domestiques, pour son refus global, elle est entrée au couvent sans dot. Une cochonnerie de mon très catholique grand-père, un agriculteur buté, prospère, aux mains longues qui auraient eu les moyens de lui faciliter la vie au sein des ordres.

Au fait de ses espoirs, sa communauté a favorisé son épanouissement en lui permettant d'aller étudier aux États-Unis. Désormais docteure en nursing, profitant de la révolution des mœurs, elle est rentrée au pays.

Défroquée, amoureuse, elle fonda avec deux collègues le département de nursing de l'Université de Montréal. Spécialiste du nursing communautaire, elle aimait la grande musique, les voyages avec son homme, les livres et sa nièce. « Je me lis en toi », m'avait-elle dit au passage de l'an 2000.

La famille écrivait son histoire en bafouant Cécile. Au banc des accusés pour sa différence, pour avoir déserté, pour n'avoir pas fait comme tout le monde.

Adolescente confuse, jeune étudiante rebelle, et finalement femme dissidente, la vieille fille avait donné toute sa place à l'amour en choisissant clairement que d'elle vers l'autre cette action puisse mortaiser toutes les autres. Ainsi, s'était-elle constitué son utopie et son plus exigeant défi.

Malgré la tentative excentrique et fleurie du « peace and love », passé du souhait d'aimer à aimer, n'ayant motivé aucune révolution culturelle, sexuelle, politique ou sociale, les sociétés maintiennent péremptoirement le mariage comme l'institution fondatrice de l'ordre social. Néanmoins, des aménagements cosmétiques, comme l'âge acceptable de la future mariée ou encore des lois permettant le divorce ou le mariage gay, sont advenus au sein des États mieux nantis.

Aimer est une action résolument personnelle, une affaire de conscience, d'âme, de cœur et de corps qui transforme définitivement le rapport à l'autre, à la famille, à la communauté, à la société. Mentir, trahir, voler, violer, asservir, exploiter, corrompre, s'aveugler… met l'amour en péril. Un danger que ne peuvent s'offrir les amoureux sans risquer leur perte, car la morale n'est plus extérieure à eux puisque chacun est le juge choisi par l'autre. Ainsi, aimer ce n'est pas militant, ça ne revendique rien, ça s'impose comme le soleil aux nuages. Or, tellement d'humains flottent dans leur vie, dans l'apesanteur ambiante, conformes à l'ordre des choses, anonymes à eux-mêmes. D'autres polissent leur je jusqu'à ce qu'il éblouisse et ruine jusqu'à leur capacité d'aimer !

Choisir d'être mobilisé par l'amour jusque dans la moindre de ses cellules intéresse bien moins de personnes que le laisse croire le cinéma américain. En toute clairvoyance, il faut en payer le prix en adhérant aux valeurs intrinsèques de l'amour : la générosité, l'honnêteté, la bienveillance, la confiance, la longanimité, le pardon. Il faut aussi verser dans l'abandon, cette voie d'accès au cœur de l'autre que l'érotisme ouvre bellement. Tout comme pour le travail, la famille, le pouvoir ou la richesse, il faut investir temps, énergie, souci, intérêt, et un peu de passion. Tout à l'autre pour devenir meilleur, plus humain, sachant que cette union ne prémunit de rien. Ni de la maladie, ni de la guerre, ni de la mort, ni même de la fin de l'amour.

François Mitterrand dans sa lettre du 7 juillet 1964 à Anne Pingeot écrit : « Il est une règle d'or : l'amour ne se nourrit pas que d'amour. Ou il dépérit – et il meurt. Il n'est que le reflet des autres vérités pour lesquelles il convient de lutter, peut-être de mourir. Ces vérités, les conventions sociales, les habitudes de penser, les rites n'en fournissent pas la clef. »[18] Il utilise le mot reflet là où, me semble-t-il, il faut parler d'incubateur. L'amour couve le bien au sens kantien du terme. Et bien sûr, comme le signale Mitterrand, la clef de cette compréhension des choses ne saurait se trouver dans les livres de lois, de morale ou de religion. Aimer n'est ni un anneau, ni un contrat, ni une famille, mais une union librement consentie de tête, de cœur et de corps. Une autre sorte de Sainte Trinité !

---

[18] Mitterrand François, *Lettres à Anne*, 1962-1995, Gallimard, Paris, 2016, pp 227.

La dépression, le désœuvrement, les échecs, les tristesses, les successives déceptions n'avalaient ni son choix ni mon obstination. Après 40 ans de réflexion, d'étude et de conversation, une vie généralement exubérante et haletante, elle ne trouvait rien de mieux à faire que d'aimer. La vieille fille estimait même que c'était le seul sens civilisé à donner à l'expérience humaine. Cependant, c'était bien là la seule chose qu'elle ne pouvait pas faire seule.

J'ai aimé trois fois dont deux hommes qui m'aiment toujours. Ils avaient alors d'autres priorités et ces priorités relayaient l'amour au second rang. S'ils ont renforcé ma croyance que l'amour intéresse et mobilise bien peu de monde, ils m'ont aussi donné à penser que le sens que chacun donne à l'amour s'entrevoit mieux une fois passée la tornade de la passion. La fin de cette formidable tempête dévoile tantôt la vaste prairie réconfortante du quotidien, des habitudes, de la sécurité, de l'ordre des choses, tantôt la montée vertigineuse, escarpée, en paliers de l'amour. Si les deux ont leurs exigences et se dressent dans un continuum de l'un vers l'autre et à double sens, l'amour requiert de la hardiesse, un esprit libre, la volonté de vivre sans attendre ou craindre le paradis et, probablement, d'être bâti d'une pièce claire de nœuds avec une veine du cœur généreuse.

Je suis médusée par les libertés que l'on prend avec l'amour sachant combien on pourrait en souffrir. De la naissance à la mort, les bébés comme les vieux se laissent décrépir s'ils vivent trop de solitude ou d'abandon. À l'heure du trépas, au moment de perdre la vie, invariablement les mourants parlent de l'amour comme étant tout ce qui compte, tout ce qui reste. Bien que cette sage idée inspire les rabbins, les moines, les poètes, les philosophes, les chansonniers, les musiciens, anciens comme modernes, on s'économise en s'offrant des simulacres de l'amour qui, souvent et avec le temps, se muent en peines d'amour. Avec la seule menue monnaie sentimentale, on convoite un couple conforme aux benoîtes promesses de l'ordre capitaliste établi dans nos sociétés de droit où les bungalows, les cathédrales, les temples, les idéaux sont dédiés à la propriété privée. Ici, rêver d'être est certainement une dissidence.

Dans la perspective capitaliste, être de loyaux partenaires apporte beaucoup de prospérité, voire de bonheur. Faire équipe fonde très souvent des familles heureuses où chacun apprend à vivre en toute convivialité avec des rêves accessibles et des ambitions réalisables. Ce bonheur-là est plus que respectable et souvent myope. Tout ce qui se passe plus haut, plus loin, plus creux est flou, diffus, lui échappe. L'immuable, et généralement partagé, grand objectif de l'expérience humaine étant la sécurité émotive, matérielle, psychologique culmine dans l'entrée au paradis promis par toutes les religions. Et l'ordre social et tous ses acteurs qui garantissent la sécurité même au prix de la guerre font mouche. Se conformer comme se rebeller a son prix. Un amoureux m'a dit : « Tout ce qui ne coûte pas cher ne vaut pas cher. »

Les gens qui n'ont pas côtoyé la souffrance ou l'ont anesthésiée n'ont pas le même rapport à l'amour. Soit, ils le réclament follement, soit ils s'en éloignent furieusement. Parfois ils croisent des gens qui leur permettent d'entrer dans un long processus de résilience. Une fois qu'ils sont rétablis, leur compréhension intime de l'amour leur en fait saisir toute l'importance.

Je suis toujours fascinée par ceux et celles qui n'ont pas le temps ou l'énergie d'aimer. Ils consacrent leur vie à d'autres passions et souvent à des riens. Hélas, la souffrance ouvre la voie à l'appréciation de l'amour. Tout comme le malheur est plus instructif sur le sens de la vie que le bonheur. « Lorsque l'on voit le pire, on apprécie le meilleur. »[19]

Évoquer Halifax, Liège, Kamouraska, Rome ou Rouyn, la faisait sourire aux anges. Elle se remémorait rarement ses amourettes, ses aventures, ses amants d'une fois, ses amantes passagères. Lorsqu'une histoire pâlissait jusqu'à ce qu'elle ne s'en ennuie plus, elle considérait la chose comme banale, « passée date » qu'elle ait durée un jour ou deux ans. Sans regret, parfois des remords, sculptée par leurs expériences, en tout temps elle portait à son cou un collier de fausses perles n'ayant que l'allure des vraies, celles infiniment précieuses de l'amour.

« Ne pas prendre les vessies pour des lanternes » avait souvent défié la vieille fille. Ne pas savoir prendre la mesure des choses surtout si elles étaient caressantes l'avait souvent malmenée.

J'avais trente ans quand j'ai décidé que je serais à jamais célibataire. Je ne voulais plus partager mon lave-vaisselle ni discuter du contenu du panier d'épicerie ou du contrat d'assurance maison avec personne. J'ai choisi d'abandonner le couple pour épurer la vie amoureuse de la

---

[19] Penny Louise, *Sous la glace*, éd. Flammarion, p. 330.

touffeur du quotidien. Je n'avais pas encore compris que l'économie du couple ne changeait rien à la nécessité de mettre le temps et l'effort pour devenir des amoureux. On met dix années à former un médecin spécialiste, tout autant pour former un maître-artisan, souvent plus pour organiser un jardin, et le coup de foudre devrait suffire à construire un amour ? S'aimer avec la détermination et l'ambition qu'on met à travailler, à étudier, ou à brûler des calories à la gym est impossible dans bien des agendas. Il semble que l'ère est aux calculs pour mieux servir l'individualité et ses sacrées libertés. Aimer est un verbe d'action, pas un verbe d'état. « Il suffit d'une pensée fidèle, d'une main donnée, d'un visage offert, d'une communion sans retour – et avec un seul être –, pour que soient justifiés la marche en avant, le refus d'abandonner, la faim, la soif intérieures. (…) Peut-être l'amour est-il ce levain intérieur qui soudain éveille la matière et lui fait se souvenir qu'elle contient en elle de nouvelles naissances. » [20] L'état amoureux n'est certes pas l'amour tout comme peindre n'est pas visité l'œuvre d'un artiste, aussi émouvante puisse-t-elle être.

C'est à 45 ans que je suis devenue boulangère-exploitante. J'ai repris seule un projet né d'une courte passion amoureuse avec un boulanger déjà marié et si casanier.

Au fond, il fut bien malgré lui un coma provoqué pour que mon âme cicatrise d'un fol amour-passion, une brûlure profonde, longue ; une quinzaine d'années.

Si « la durée n'est pas une vertu de l'amour, l'intensité, si. », cette histoire l'avait avalée à la manière du cyclone.

---

[20] Mitterrand François, *Lettres à Anne*, 1962-1995, Gallimard, Paris, 2016, pp 129.

Sa vie avait volé en éclat. Elle avait dû quitter son bureau, apprendre un métier, changer de milieu, perdre son réseau, surtout supporter le poids de l'échec et de son parfait aveuglement. Parfois, sa honte la tétanisait.

Elle avait froid en dedans et en dehors dans une maison mal préparée à être habitée l'année durant. Toutefois, elle savourait, en été comme en hiver, la beauté de son jardin installé au haut d'un timide cap de la rive sud du Saint-Laurent. Elle apprenait les oiseaux, les lunes, les marées, les couleurs d'automne. Elle répétait que même inhospitalière, sa maison l'avait protégée de tout, surtout d'elle-même.

***

C'est en mettant en orbite mon lieu gourmand – être dans mes mains pour ne plus être dans ma tête – que je suis devenue une grande fille notamment en confrontant au quotidien l'inéluctable loi du marché. Rude, exigeante, intraitable, insensible, elle exige de qui s'y soumet beaucoup de détermination, car une entreprise sur cinq fermera avant de fêter ses cinq années d'existence.

Beaucoup de détermination donc et encore plus d'amour pour choisir le travail bien fait, l'authenticité des produits, l'émerveillement du palais des clients, le savoir-faire artisan. Dans le monde du commerce, les banquiers, les conseillers économiques, les comptables, forts de cette fameuse loi du marché, prêchent et parfois dictent de revoir les modes de gestion, les méthodes de travail, les rendements des employés et du tiroir-caisse. Se répand alors chez les artisans, les commerçants de quartier, les agriculteurs en vente directe – tous ceux prétendument à la marge du capitalisme – l'idée que le juste prix est celui que le marché accepte de payer. Or, le prix du marché est toujours celui prescrit en faisant mieux et plus vite que la main, en altérant un peu le goût, en trichant un peu, en embauchant des illégaux ou des travailleurs étrangers pour que la tirelire résonne. Le prix du marché est celui qui racole avec la manière de faire de la grande entreprise. Le prix du marché est toujours celui qui se soucie plus de l'actionnaire que du client, des rendements que de l'environnement, de l'amour du profit que de l'amour de la table.

Alors, même aux jours sombres du démarrage et des mois difficiles comme novembre ou mars, libre de dettes, je répétais aux bonzes des affaires que la boulangerie c'était pour me rendre heureuse, pas pour me faire riche. Et c'est, en outre, en pratiquant une politique de justes prix, qui bien sûr inclut un juste salaire pour la boulangère, que j'ai réellement mûri l'idée que l'amour change le monde. Il me semblait que refuser les ordres du néocapitalisme commençait dans ma maison.

Ces ordres concernent également les employés dont l'humanité est neutralisée dans la très aseptisée expression : ressources humaines. Ressources humaines comme dans ressources naturelles ou matières premières. Idéalement, moins le produit fini requiert de matières premières et de ressources humaines, plus il sera rentable. Alors on substitue au beurre la margarine et au façonnage à la main les façonneuses, au temps de pousse naturelle, les levées à atmosphère contrôlée. Bienvenue les ajouts et les améliorants pour retrouver le bon goût du pain d'antan au levain !

Aussi, des métiers de bouche, celui de boulanger est probablement le moins prestigieux et le moins rémunéré. La boulangerie paie mal et impose des horaires difficiles. Or, l'amour du métier et de ceux et celles qui le font passe d'abord par leur droit à l'erreur. C'est fou comme on n'excuse jamais les gens de métier ! Et une fournée n'est pas une opération à cœur ouvert ! Je répétais que l'on est des artisans, pas des machines. Les machines et les techniques de production de la grande industrie sont faites pour tout faire vite, homogène, extra salubre, extra look. Faible en saveur, car le labeur et l'amour du travail bien fait imprègnent toujours les pains façonnés par ceux qui aiment les faire. Et ceux qui aiment les faire aiment travailler avec des produits de qualité. Ces amours-là, le temps leur rendra grâce en leur taillant une place, une niche de marché. Ce temps-là, les banquiers ne l'ont pas. Aussi, le marché local est inconnu et en plus ignoré des autorités gouvernementales. Il est donc normal de piétiner les invisibles, notamment à grands coups de règlements et de formulaires, de les oublier dans la mise en œuvre des politiques et ainsi, même involontairement, de piéger leur passion qui se transforme en colère, ce terreau du populisme qui gangrène toutes les démocraties occidentales et, oh ! hérésie conséquente de l'économie mondiale.

Dans la trentaine, j'ai été mêlée à des négociations commerciales internationales. À la veille de sceller un *deal*, le sherpa canadien en chef, tout à ses considérations macroéconomiques et mal pris avec mes arguments microéconomiques teintés du désespoir des pauvres, a déclaré qu'il ne discutait jamais ces aspects-là, car « je joue au Monopoly ».

L'égalité des droits – ici Confucius userait de concepts plus moraux – appelle un amour universel pour la race humaine que doivent avoir vissé au cœur ceux et celles qui aspirent à gouverner ou à servir les gouvernements.

D'une tout autre inclination naissent les régimes servant leurs amis. Et la démocratie libérale – que Churchill jugeait la moins pire – est très malade, car elle n'aime pas son monde et beaucoup ses amis. Une preuve par l'infiniment petit : les États régulent très bien la vente de pains qui nuisent à la santé humaine.

En outre, en entrevue pour un emploi ou pour un poste électif, on ne demande jamais au candidat s'il aime, qui il aime. Pourtant, les tests ne manquent pas. Les questions n'ont plus. Les entretiens peuvent se multiplier sans que l'on demande à un candidat à la direction d'un village ou d'un ministère de répondre de ses sentiments profonds envers le genre humain. Ceux et celles qui aiment le monde savent le servir avec dévouement, franchise et probité. Et l'amour interdit les jeux de pouvoir et est péremptoirement égalitaire et libre. Deux vertus obligatoires à la démocratie. Tout est dans tout !

Bien sûr que les choses ne sont jamais toutes blanches ou toutes noires, tout comme elles peuvent être réelles sans être vraies. Or, c'est la sphère privée qui donne le mieux la mesure de la mascarade ambiante. Tous ces parents déçus de leurs enfants, tous ces conjoints désenchantés à l'os, tous ces employés méprisés, tous ces députés muselés, qui continuent à dire du bien de leurs tortures quotidiennes.

La retenue et le déni font peut-être écho à la « peine d'avoir à vivre en retenant le souffle de peur de respirer la contagion de la petitesse, de l'avarice, de la jalousie, du cœur sec ! »[21]

Elle fréquentait la politique depuis le début de l'adolescence. La crise d'Octobre de 1970 l'avait initiée et captivée. Les communiqués du Front de libération du Québec (FLQ) radiodiffusés, les quelques militaires le long de la voie ferrée en face de son école, l'organisateur politique du Parti québécois au village emprisonné l'avaient enrôlée dans l'équipe des « mordus de politique ». Elle avait au mur de sa chambre un poster de Pierre Bourgeault, le grand orateur indépendantiste, comme plusieurs autres avaient celui des Beatles. En 1980, elle servait le camp du Oui en étant DOC – directrice d'organisation de comté – malgré ses accointances avec la gauche radicale. Elle avait déjà lu Marx, Lénine, Mao avant ce premier référendum.

Elle disait avoir aimé la politique comme Guy Lafleur, le hockey. Comme lui, elle aurait aimé influencer la manière de jouer. Aussi, elle aurait aimé mettre au jeu un nouveau pays.

Puis, au fil du temps, elle avait compris que l'on pouvait être bon dans quelque chose en la haïssant. Elle haïssait la goujaterie de la politique, les petits intérêts masqués de grands principes, les abus de pouvoir devenus règlements ou formulaires. Elle méprisait de savoir livrer

---

[21] Mitterrand François, *Lettres à Anne*, 1962-1995, Gallimard, Paris, 2016, pp. 51

bataille ou pire savoir faire la guerre. Elle disait : la politique met la face noire de ma lune en lumière. Même qu'une année à la Saint-Sylvestre, elle avait demandé à ses amis de lui souhaiter de ne plus avoir d'opinion.

Pour calmer mes nausées, voire mes dégoûts, j'ai commencé à réfléchir au bien commun. C'est en faisant beaucoup, vraiment beaucoup de lobbying, au Québec, au Canada et même à l'international que j'ai réfléchi à l'importance d'aimer en politique. D'ailleurs, Roméo Dallaire, l'homme qui a « serré la main du diable » au Rwanda, n'a-t-il pas dit « que c'est l'individu qui est souverain, pas les États ».[22]

En politique, sans un engagement du cœur, on sert des intérêts. Alors, l'intérêt pour le pouvoir dans le strict objectif de mener la marche fait embaucher des spécialistes de la communication qui formatent les mots et les images qui font gagner. Mettant le pied à cet étrier, on montre une image que les lobbies menaceront d'égratigner, de décolorer ou, pire, de dénigrer auprès de l'opinion publique. Celle-là même qui se compte en votes des électeurs. La peur de perdre motive le combat aussi vigoureusement que l'amour du service public.

Ces portes tournantes s'ouvrent sur le lobby de la politique spectacle où l'homme ou la femme politique sont acteurs de leur propre rôle.

L'action politique sincère et bienveillante gère et sert le bien commun. On peut parler d'abondance avec de belles images issues du cœur et de la conscience sans avoir

[22] Dallaire Roméo in *La Presse+*, 7 mars 2017.

recours à l'infanterie de la communication professionnelle. Cette organisation quasi mafieuse réclame des sommes d'argent qui ne sont trouvables qu'en jouant le jeu des lobbies soucieux de séduire et de porter au pouvoir des gouvernements sensibles à leurs intérêts. Pouvoir, communication, lobby, le cercle vicieux de la politique actuelle ! Ce miroir aux alouettes se briserait si les parlements démocratiques assumaient à même l'argent public l'entièreté de l'organisation du débat électoral sur toutes les tribunes. Terminés la pub et ses fantassins. Bienvenue aux idées et aux rois de cœur.

Malheureusement, c'est bien en voyant Donald Trump, le roi de la téléréalité, présider aux destinées du gouvernement fédéral américain que l'on comprend que ne pas aimer pour vrai, tourner le cœur et le regard vers soi, rend mauvais, dangereux, raciste, xénophobe, homophobe, riche, puissant, dominateur. Être dissident ici prend tout son sens en plus de préserver le droit de parole de ceux et celles qui y adhèrent. Être dissident c'est être contre sans possibilité de ralliement et vouloir dire pourquoi haut et fort. Rien à avoir avec l'abstention qui exprime le souhait de rallier la majorité ou plus banalement de plier l'échine, de laisser aux autres la suite du monde.

***

Comme « aimer c'est vivre »[23] et que la folie « c'est de refaire toujours la même chose, et d'attendre des résultats différents »[24], la raison comme l'instinct de survie dictent

---

[23] Hugo Victor.
[24] Einstein Albert.

d'essayer la sollicitude, la paix, l'empathie, la compassion, le partage, le devoir, l'honnêteté pour faire changement. L'humanité a assez exploité la face noire de la nature humaine d'où émergent invariablement la haine, la guerre, la dictature, l'oppression, la misère, la torture, etc.

Cela étant dit, l'amour exige une détermination aussi obstinée que la haine et un exercice aussi acharné que celui du pouvoir. Même que la stratégie et la tactique doivent être appelées en renfort. La naïveté et la candeur sont angéliques et stériles au regard de la révolution à mener. À cet effet, Nelson Mandela dit : « la haine doit être apprise (…) on peut aussi apprendre l'amour. (…) Cela semble toujours impossible, jusqu'à ce qu'on le fasse. »

Elle savait très bien que son homme politique l'avait séduite et fascinée par sa droiture et la fougue de son engagement en faveur d'un monde meilleur. Pourtant et indubitablement, leur histoire lui avait appris que le monde se changeait une âme à la fois. Désormais, faire le bien lui semblait émaner d'une volonté personnelle presque d'un geste intime.

Alors, elle réduisait ses ambitions pour influencer la suite du monde à cultiver son jardin et à agir en conséquence.

Hélas, « on ne fait jamais ce que l'on devrait au moment où on le devrait. On fait toujours passer ceux qu'on aime en dernier. » [25] Cette façon commune de faire, presque convenue, use. Selon l'endurance des uns et des autres, après quelques années ou quelques décennies, on est

---

[25] Delacourt Grégoire, *Danser au bord de l'abîme*, Paris, 2017, pp 325.

ailleurs. On n'est plus aimant, on n'est plus amoureux, on n'est plus ami, on n'est plus parent. On est ce que l'on a fait. On est un travail, on est un collègue, on est une mère, de plus en plus souvent, au jour d'aujourd'hui, un père. Une fois que l'on s'est donné, tant donné, souvent autour de la quarantaine, on se retrouve le cœur vide, la peau fanée plus par manque de caresse que par l'âge, car on a pris le temps de faire son jogging ! Arrive la très classique crise de la quarantaine caractérisée par une assurance personnelle et professionnelle, une routine domestique et des enfants presque adultes. Classique aussi, les hommes cherchent la rencontre de jeunes femmes car, entre autres motifs, pour rien au monde ils veulent d'une autre mère, ce qu'est devenue leur épouse. C'est classique aussi, les mères cherchent la femme qu'elles étaient. L'industrie de la mode et de la cosmétique fait mouche. On a laissé l'amour glisser dans le dalot de sa vie. C'est alors que la plupart se désaltèrent à la fontaine de l'affection qui est à l'amour ce que la charité est à la générosité. « Ils sont patients et vivent chichement selon une loi infaillible : avec le temps, à défaut de s'aimer, on s'attache. En récompense de tant de patience et de compromis, de tant d'efforts et de mansuétude, un jour lointain on est indispensable à l'autre sans l'avoir aimé jamais. »[26] Et les auteurs de romans à deux sous tiennent des histoires pour toutes les maisons d'édition spécialisées.

Parce que je dis comme Vaclav Havel, j'assume que l'amour est difficile, exigeant, extraordinaire. Et « il y a longtemps que j'ai renoncé à la simplicité ».[27]

---

[26] Olmi Véronique, *J'aimais mieux quand c'était toi*, éd Albin Michel, Paris, 2015.
[27] Lalonde Robert in *La presse+*, 26 février 2017.

Ce qui me sidère est la parodie de l'amour et son cirque dans lequel trop d'ours jouent. Jouer à aimer alors que l'on préfère travailler, baiser, enfanter, pratiquer un sport, magasiner… J'ai eu un amant, grand baiseur et féru de pornographie, qui demandait pourquoi il faudrait être gentil, aimable pour avoir droit à une vie sexuelle ? Il disait aussi que « j'étais comme un poêle qui chauffe tout le temps ». Moi, je crois qu'il était un glacier que la tendresse n'atteignait qu'en surface comme le soleil lors des rares journées d'été en Arctique. Il m'a vite choquée avec ses fantasmes et ses envies. Pourtant c'est bien le seul homme que j'ai connu qui s'est sincèrement excusé d'être si peu aimable.

C'est une vieille copine perdue au fil des rigueurs professionnelles qui m'avait dit : « s'il veut être aimé encore faudrait-il qu'il soit aimable. » J'ai gardé cette phrase dans mon coffre aux trésors. J'y reviens dans mon acharnement à mieux comprendre nos quarante dernières années.

Tu es l'homme le plus gentil que j'ai rencontré. Une gentillesse comme une extrême politesse issue d'une courtoisie absolue. Une gentillesse qui n'est pas enracinée au cœur, mais à la raison. Une gentillesse qui protège ton cœur et masque ton regard. Une offrande qui dédouane ton enfermement. Tu ne sais pas beaucoup de l'amour, tu as tant pratiqué le mariage. Tu as voulu réussir ta formation, ta vie professionnelle, ta famille, ton portefeuille, etc. Un de ces matins volés à ton ordinaire, tu as dit : « Je suis toujours triste avec l'air heureux. » Pour tout commentaire, j'ai caressé ton dos. Tout se paie, mon bel ami. « (…) qu'il est difficile d'aimer (…) »[28].

---

[28] Vigneault Gilles in *Doux chagrin*, 1962.

Trois fois nous avons mieux lié nos vies. Trois fois nous avons échoué, rejetés chacun sur notre rive par tes obligations toutes construites. Tu as toujours préféré confronter l'ordinaire et son désespoir. Ils te faisaient moins peur que la douce folie de l'amour qui effrite les je le long de la lente ascension du nous. Comme tu craignais de perdre pied sur les parois de l'amour. Moi, je suis toujours partante pour les hauteurs, car je m'ennuie, je suis un monde que je connais par cœur. Nous nous serions offert un abonnement de saison au bonheur. Un vrai jardin d'Eden, un espace de beauté au centre-ville des laideurs du monde.

Trois fois, disait-elle. Trois fois et toutes celles où vous jetiez à la mer un filet pour vous prendre dans la fulgurance des heures libertines. Trois fois dont la deuxième où durant des mois il avait respiré sans s'écœurer cet air chargé de ta détresse, de ta dépression. En fin de soirée d'un jour pire qu'un autre, elle avait dit : « fais-moi l'amour pour que je ne meure pas cette nuit ». De toute sa douceur, il l'avait aimée comme on soigne.

La veille de sa fuite définitive vers une autre vie, vers sa campagne avec toujours et pour longtemps encore la mort dans l'âme, elle lui avait dit le souffle coupé par la jouissance de l'orgasme : « je sais ce que veut dire aimer pour toujours ».

Ta gentillesse m'a fait croire que tu étais aimable. Pourtant au-delà de cette très grande courtoisie, tu peines à être aimable, car t'apeure le risque d'aimer. En place et lieu, tu rêves d'aimer. Or, rêver d'aimer c'est voyager sans partir. C'est Venise sans les miasmes des canaux qui donnent à cette beauté toute son humanité.

Ta courtoisie de gentilhomme aura néanmoins gonflé nos désirs. Même que moi, je te désirais plus la troisième fois que la première, car les hommes courtois sont si rares dans ce Québec individualiste et grossier qu'ils émeuvent. Ta courtoisie c'est aussi ton élégance, toutes tes élégances, dont celle qui éloigne de toi le désir des ingénues ou des nymphettes.

Hélas, tu exhales la pusillanimité. Un gaz aussi toxique pour madame que pour moi. Une vie de ténèbres pour avoir tout voulu sauf l'essentiel. Pour être resté sur le quai, n'être jamais parti.

Il y a des amours trop petits et aussi des amours trop faibles. Il y a des amours égoïstes et aussi des amours pleutres. Des amours sans engagement, des amours sans besoin d'aimer, des amours complaisantes qui se mirent dans l'autre jusqu'à le perdre de vue. Sans admission pour soi de sa responsabilité envers l'autre, l'amour est un tue-monde. L'amour conditionnel, ce ménagement du cœur, est une action intense, virulente, offensante. Enterrer que l'on aime est aussi funeste que ne plus aimer. Pourtant, l'un comme l'autre appartient à l'expérience de l'amour.

Les oies blanches arrivaient que me venait aussi le commentaire ému du président français devant un autre attentat terroriste commis par un loup solitaire et radicalisé : « un geste lâche ». Lâche, vraiment ?

Se faire sauter pouvait être lâche ? J'ai mis des jours à comprendre que la lâcheté tient dans le fait d'être prêt à mourir pour avoir raison, pour sauver son monde, son idée du monde, sa foi, son dogme. Pour ne pas avoir à discuter et à convaincre personne, pour rester aveugle aux victimes, pour n'opposer cette tyrannie à aucune autre façon de voir le monde. Un geste public qui attaque le monde civilisé comme la lâcheté des époux infidèles prêts à mourir à eux-mêmes et à « faire disparaître » leur amoureux ou leur amoureuse pour sauver leur image d'eux-mêmes, de leur mariage, de leur dogme. Pour ne pas avoir à confronter leur réelle histoire, pour sauver leur foi et leur mode de vie. Ne pas tenir ses promesses est une grenade dégoupillée au cœur de l'autre. Monsieur le Président, le public et le privé sont étrangement semblables, la lâcheté engendre ses horreurs et le terrorisme a lieu à toutes les échelles.

Du désamour et des amours égoïstes, elle regrettait de ne pas avoir admis les premiers signaux. Ceux fréquents, banals comme les promenades annulées, les fleurs laissées chez le fleuriste, les cadeaux sans emballage, les anniversaires jamais célébrés, les Valentins ridiculisés, les bains jamais coulés. Entendre ce que l'autre disait lui semblait défier son écoute.

Un peu honteuse, elle se murmurait avoir entendu ce qu'ils ne disaient pas tout autant qu'elle avait entendu ce qu'ils ne diraient jamais. Surtout, elle savait avoir mis ses espoirs dans leurs sérénades chuchotées entre deux baisers.

L'amour donne de l'élan, de l'envol et se démultiplie en attentions. Tous les petits gestes sont des piolets plantés à la paroi pour s'accrocher, pour ne pas perdre pied, pour être dans l'action d'aimer. Y manquer lance l'alerte d'un amour chétif, mal parti, sans envergure. Mais, en ces temps de psycho-pop, on explique et excuse en évitant de juger ou pire de condamner.

Je cherchais tellement à croire que mes rares élans amoureux étaient plausibles, réels. Bien que j'aie tenté d'aimer mieux, d'y engager tout mon cœur, sans réserve, sans peur, je fus victime de votre romantisme, cet alchimiste, ce prestidigitateur, cet imposteur. Il allait si bien à mon cœur de pomme en quête d'un regard galvanisé. Vos mots d'amour, car il y en a eu, consolaient mon enfance.

Tout compte fait, les véritables élans amoureux sont rarissimes. Au nombre de toutes les personnes croisées au cours d'une vie, si peu donnent envie d'entrer en contact, de caresser – au propre ou au figuré – leur tambour. Autour de moi, je vois plus de déférence, d'habitude, de partenariat familial, économique, de solitude partagée ; une vie que je ne souhaite pas.

Si, comme l'a dit lors d'une entrevue le comédien gourmand Christian Bégin, « nourrir le monde c'est une autre façon d'aimer », l'assiette occidentale est désolante. Trop d'histoires d'amour ressemblent à de la pizza congelée. À tel enseigne que la cuisine, l'amour, l'amitié sont des activités de loisir réservées aux week-ends. En amour comme à table, la grande majorité des adultes sont à la diète, sauf le samedi soir !

À l'instar des arts, l'amour est un « art de vivre » qui emballe peu d'humains. Il semble qu'ici comme ailleurs les lois de la moyenne et la fameuse courbe en forme de cloche s'appliquent. A contrario, l'amour intéresse les arts et les artistes qui s'en saisissent des nostalgiques chansons aux grands airs d'opéra, du théâtre de boulevard aux tragédies grecques, du *Baiser* de Rodin à celui de Roisneau. Toute cette beauté rend plus le caractère humain que divin de l'amour. Si on peut douter qu'il conduise au ciel, il offre un coin de paradis même aux esclaves. Pour que celui-ci soit accessible, l'inégalité entre les hommes et les femmes devra impérativement être battue, défaite, répudiée. Pour distiller ses grâces et ses bienfaits, l'amour a péremptoirement besoin de la liberté que seule l'égalité de droits entre les humains garantit. Il est tout récent ce temps où les Occidentaux ont maîtrisé avec les droits civiques les appétits carnassiers des hommes-loups. Libérée peu à peu à force de combats et de débats face au joug des églises, des aristocraties, des despotes de tout acabit, depuis les Lumières, la liberté d'aimer advient lentement.

En fait et quoiqu'en pensent les inclusifs d'aujourd'hui trop prompts à croire que leurs dires sont nouveaux, révolutionnaires, elle pensait comme Victor Hugo. « La liberté d'aimer est le même droit que la liberté de penser ; l'une répond au cœur, l'autre à l'esprit : ce sont deux faces de la liberté de conscience. » [29]

Quand je vais bien ou que je vais mieux, je me dis que de mon père à mes grands amours, les mots tissent un fil d'Ariane que la lueur de l'authenticité et le souffle de la lucidité me permettent de suivre jusqu'à la lumière blanchâtre du jour. Parfois, je le perds, je me perds encore, dans la noirceur des prêches et des sermons des redresseurs de torts ou bêtement je le coupe sur la lame de mes regrets et de mes remords. C'est long, tellement long, de trouver sa voie en amour.

[29] Hugo Victor.

Avec le temps, elle savait chercher la lumière en épissant ce révélateur lien. C'était un ouvrage délicat, possible si aimablement elle laissait gagner son cœur et ses circonspections bienveillantes.

D'ailleurs, tant pour elle que pour les autres, elle considérait la bonté comme un choix rationnel, un geste volontaire. Alors que la générosité naissait d'une pulsion, d'un élan du cœur, d'une inclination naturelle vers l'autre. Finalement et heureusement, elle accordait au partage la place de choix, car il commandait une action née du besoin d'agir avec l'autre, de faire avec l'autre, d'entrer en communion dans le réel.

Toute ma vie, j'ai rêvé d'amour, de la fusion des âmes et des corps. Cependant, je n'ai jamais rêvé de mariage, ni grand ni petit. Je n'aurais jamais échangé la félicité de l'extraordinaire pour la sécurité de l'ordinaire. J'ai voulu l'amour sans couple, ni dans mon regard, ni dans le regard des membres de ma tribu. J'ai passé ma vie à dire que je suis la moitié de rien. Dans la vingtaine, j'ai épuisé à jamais mon envie du couple et de la cohabitation. De plus, ayant eu un enfant hors des liens du mariage, je savais bien que changer des couches est une obligation parentale, pas un geste amoureux.

La vieille fille avait accouché accompagnée de l'infinie tendresse de sa Lou. Après l'émerveillement quasi divin de la naissance, elle avait simultanément bercé sa première peine d'amour et sa belle pouponne.

Entre deux tétées, elle avait dramatiquement mué. Elle craignait pour deux. Elle avait contracté sa première assurance-vie.

Sa fille faisait ses premiers pas quand elle avait levé le pied et essayé fort d'entrer dans le rang aux bras d'un petit-bourgeois intellectuel présomptueux et ombrageux.

Elle avait voulu se conformer, garantir une vie stable à sa fille, vivre en dehors de ses pompes. Après quatre ans à jouer à être une famille, inopinément deux semaines à Paris lui avaient rendu son statut de vieille fille et son passeport vers son monde.

Après ma Lou et ma comédie maritale, mes amours sont des passions décevantes parsemées d'instants tellement grands, tellement heureux, si fugaces. Des amours tristes, des aventures comme on dit communément, qui suivaient des mariages échoués.

Est-ce parce qu'impérativement je me voulais amante ? Est-ce parce que je réclamais d'aimer ? Est-ce parce que d'être la « suivante c'est mieux que d'être suivie »[30] ? Est-ce parce que tomber en amour accouchait inexorablement de la liberté d'aimer ? Est-ce le mariage qui permet de comprendre l'amour ? Quoi qu'il en soit, cette face cachée de la lune est maudite. Démonisées, les amantes, ces courtisanes modernes, sont les bêtes noires du mariage pour l'épouse presque autant que pour l'époux.

Sorcières, cocottes, traînées, libertines, dépravées, déshonnêtes, illégitimes, filles de joie et tant aimées, entre autres, elles n'ont pas voulu d'enfants à mettre dans la balance. Le chantage des bedaines, arme ultime et féroce, est proscrit aux amours libres.

[30] Brel Jacques in *Au suivant*, 1964.

Au sujet des bedaines, toute sa vie elle avait défendu le droit à l'avortement pour les femmes et pour les hommes. Pour l'homme, sa seule action possible passait par le refus de reconnaître sa paternité. Il lui semblait qu'on ne pouvait pas contraindre quiconque à enfanter au nom d'un dogme ou de la décision d'une femme. Ce qui serait bon, possible et légal pour elle devait l'être pour lui.

L'égalité des droits incluait le droit de décider chacun pour soi. Elle savait son point de vue différent de celui de très nombreuses féministes. Elle savait aussi que les femmes font des enfants sur des coups de tête et que trop d'hommes sont irresponsables, lâches avec leurs enfants. Elle savait que la famille nucléaire était construite sur l'idée fallacieuse que l'amour sincère engendre tel un automatisme une famille heureuse.

Toute ma vie, j'ai été accompagnée par des amitiés puissantes, fidèles, emballantes. Mon désespoir n'est pas de ne pas avoir aimé ou de ne pas avoir été aimée, c'est de n'avoir rencontré personne qui ait la volonté de revoir l'ordre amoureux, de renouveler la manière d'aimer, de le dépouiller de la convenance du couple. « L'amour ne comporte nulle obligation de résultat. Juste une obligation de moyens. »[31]

Tous les matins, des hommes se sont levés en voulant devenir présidents, peintres, pompiers ou pâtissiers. Tous les jours, des femmes se sont levées en voulant être princesses, journalistes, cloîtrées, astronautes ou députées. Moi, je voulais me lever amoureuse.

---

[31] Lagacé Patrick in *La Presse+*, 2 mars 2017.

J'ai retenu qu'un projet amoureux n'est pas une liste de courses à faire, une liste des tâches à partager, une liste des comptes à payer, une liste des fêtes et des anniversaires à célébrer. La discussion et la gestion des assurances habitation ou des fonds de pension sont administratives et relèvent d'un partenariat d'affaires. Fonder une famille est un merveilleux projet de vie. Se prêter assistance en tout et en tout temps est un formidable compagnonnage. D'ailleurs, de ma mère à mon plus grand amour, j'ai vu de mes yeux vus que des époux peuvent être parfaits sans s'aimer. La table religieusement mise et le gazon impeccablement tondu avec en fond de scène une mer de sécheresse où flotte l'ambition de parfaitement faire ce que doit. Poliment, la folie s'installe à demeure.

Faire l'amour, ouvrager celui-ci, c'est simultanément prendre toute sa vie en main pour en partager tout l'essentiel. Ce projet amoureux ne délivre aucun sauf-conduit pour l'irresponsabilité ou l'égocentrisme. Bien au contraire. Être responsable du cœur de l'autre, de sa joie de vivre, faire que l'autre se lève tous les matins en femme ou en homme heureux est un credo d'une rare exigence.

Les amis en moins, je n'ai jamais trouvé mon alter ego. Certes, mon credo a fasciné quelquefois. Mais surtout, il a animé des centaines de conversations amicales. Il m'a donné quelques poèmes. Il m'a fait pleurer de longues heures. Pourtant, je ne me suis jamais fait une raison. Je ne me suis jamais rangée ou ménagée. Je n'ai jamais laissé mon espoir se ratatiner. Je ne suis devenue la femme de personne. Il m'arrive de croire qu'avoir été tant aimée sans être choisie tient de l'érotisme. J'aime faire l'amour. De tout temps, les amantes, ces sorcières, sont des passions, des folies, des coups de cœur, des extravagances ; des aventures.

Dans ses discussions avec les copines trompées, elle soulignait être l'autre, la sorcière en ajoutant qu'aucun gars marié n'avait quitté sa femme pour elle. Elle précisait toujours que la sécurité était plus mobilisatrice que l'amour. Elle disait aussi que le mot aventure dit tout, car il évoque autant la liberté que la spontanéité voire l'instantanéité de la chose.

Invariablement, elle rappelait que Jean-Paul Sartre discourait sur « l'amour nécessaire et les amours contingentes ». Parfois, elle évoquait pour généraliser son propos cet ami gay qui lui avait parlé de son amour vrai et de son amour fou, de son mari et de son amant. Elle gardait toujours dans sa poche l'anecdote d'une ancienne adjointe qui avait vécu une aventure torride et avait ensuite connu l'outrage par l'aventure de son mari. « Les femmes ne trompent pas, car elles aiment », ironisait-elle.

Et l'immoralité voire l'indécence des histoires extraconjugales, elle l'imputait essentiellement au mensonge à l'origine de la tromperie. Même qu'elle frondait en affirmant que c'étaient ses amants qui trompaient, pas elle.

Malgré les gifles cruelles, ma foi en l'amour est toujours ce qui magnifie mon expérience humaine. Mariant l'éthique, l'esthétique, le mystique, l'intime et le public, soi et l'autre. Bien que je craigne de vieillir sans amoureux, je persiste. Tous les soirs, ou presque, mon lit est une banquise à la dérive. Je m'endors en ayant froid.

Dedans et dehors. Parfois, j'aimerais m'offrir le réconfort de me réchauffer aux lèvres d'un amant.

Or les femmes mûres sont des pommes d'automne que si peu d'hommes cueillent. Pourtant, il faut tellement de temps pour mûrir, s'épanouir, voire apprendre à faire l'amour. Toucher la peau d'un tambour exige une magnanimité que seul l'âge apporte. L'érotisme n'est pas un jeu d'enfant. La pornographie non plus d'ailleurs.

Des jokes de mononcles aux décolletés infiniment plongeants, de la vulgarité en versions soft ou hard, le plus navrant avec la porno c'est qu'elle est le seul discours public largement accessible, disponible et monnayé en continu sur l'érotisme. Cet appétit des âmes au partage, à la rencontre, à l'abandon est harnaché, cannibalisé, capitalisé, vendu, des studios d'Hollywood jusqu'aux vidéos privés diffusés sur le darknet. Comme si l'ivrognerie enseignait l'art de goûter une bonne bouteille.

Au sujet du vin, nombreux sont ceux et celles de ma génération qui ont substitué les plaisirs de la table aux plaisirs érotiques souvent assimilés à leurs folles jeunesses. Évidemment, beaucoup plus que les hommes, les femmes vieillissantes et désirantes sont disqualifiées avec ce même dégoût que l'on réserve aux femmes ivres. Éliminées sans même avoir pu partager la patine de leurs peaux comme celle de leurs âmes. Ces insoumises baladent leur invisibilité et étouffent leur désir. Ce rejet, silencieux comme la mort, illustre aussi combien notre société est toujours embourbée dans une conception puérile de l'érotisme qui l'associe aux folies de jeunesse, à une insouciance qui muerait en immaturité avec le temps. Le reflet le plus désolant de ce fait de société est ces biches déguisées en midinettes de l'aurore au crépuscule de leurs vies. Cette représentation ostentatoire de l'être désirable comme devant impérativement avoir les attributs de la jeunesse a dramatiquement cours dans la communauté gay.

Pour trop de femmes, les hommes infidèles sont les marionnettes des femmes libres, ces croqueuses de maris. Certes, cette idée prévaut chez les femmes parce que les hommes infidèles ne disent jamais la vérité sur leurs amours coupables. Les amours coupables, si répandues, sont l'alphabet avec lequel il faudrait écrire et décrire le mariage occidental pour comprendre dans son entièreté la nature de l'institution et du contrat.

De fait, la seule parole des épouses supplantant le murmure des maîtresses est parcellaire, souvent ignorante et toujours inadéquate. Alors que le silence des hommes dans la sphère privée est paternaliste, généralement condescendant, un brin misogyne, car il confirme qu'eux seuls savent, et peuvent choisir, ce qui est préférable pour leur femme, leur maîtresse, eux-mêmes et la suite du monde. Ainsi, ils préservent l'institution, l'ordre social, leur rang et la polygamie secrète d'ici.

Bien sûr qu'il y a des divorces. Bien sûr que des femmes sont outrageusement blessées, négligées, abusées. Bien sûr que des hommes souffrent, prisonniers de mariages fichus, tordus, perpétués. Bien sûr qu'ils se sentent coupables à midi comme à minuit. Une culpabilité si envahissante, si vivante qu'elle offre un baume. On serait moins lâche une fois confit par le remord et le devoir.

Au fond, que de nombreux maris trompent leurs femmes me laisse assez froide. Ce qui me gêne c'est la distorsion de la réalité par le déni. On répand l'illusion que les amours comme les mariages ne seraient pas humains, imparfaits et mortels. Chaque histoire inclut sa finitude. En général, l'amour, le mariage, le couple sont ordinaires, convenus, standards, et usés par le temps comme les humains qui les composent. Et quelles que soient mes observations ontologiques, j'avoue que rien ne livre mieux la nature toute contractuelle du mariage que d'être aimée d'un gars marié.

Encore aujourd'hui je peine à accepter que l'amour soit mon seul carburant et ma seule motivation à vivre.

D'une part, je me dis que je pourrais essayer autre chose puisque mon ambitieux projet est né dans ma tête, m'a mobilisée sans s'incarner entièrement.

D'autre part, j'imagine facilement que présentée à des réfugiés, à des affamés, à des bombardés, à des endeuillés, à des drogués, à des enchaînés, à des lapidés, à des abandonnés, j'ouvrirais les bras en me demandant si mes larmes d'amante négligée et trahie sont aussi tristes que celles de cette femme violée. Le deuil d'un amour est-il aussi mortifiant que celui d'un enfant mort fauché par un bus ? Les infamies justifient-elles que la quête humaine soit d'abord la sécurité ? Réduire l'ambition humaine au confort, c'est laisser la peur et l'immobilisme conjuguer l'avenir. La peur de ceux qui souffrent, alliée à l'immobilisme de ceux qui peuvent, assure que l'ordre établi soit, peu importe le régime ou le continent. En y pensant bien, j'aurais un peu honte d'être née du bon bord des choses. Pourtant c'est par l'expérience de l'amour que j'ai connu le malheur qui me fait mieux comprendre l'infini besoin de consolation des humains. Il y a dans ma compréhension de l'amour une cohérence entre le privé et le public, entre moi et eux. La route de la cohérence m'évite désormais de m'engager sur les grands boulevards des utopies naïves qui hantent la pensée occidentale. Ces utopies font peu ou pas de cas des petites choses, des presque riens, des petits pas, de la résilience.

Ce n'est pas parce que les prophètes ont tout dit ce qui devait être dit sur l'amour que celui-ci peut être laissé aux Églises qui, invariablement, le travestissent en grandiloquence, en orthodoxie, en armée de fidèles, en guerre de religions. De même, l'érotisme ne peut se confondre avec l'industrie de la pornographie. Alors, refouler l'amour et l'érotisme dans les cavernes secrètes de l'intimité, c'est laisser tout l'espace public et le vivre-ensemble aux idéologies et à leurs fixations aliénantes et réductrices. Par exemple, dans le mariage gay ou la fécondation in vitro pour les lesbiennes, c'est l'homosexualité qui choque les bien-pensants. Et qu'est-ce qui choque dans l'homosexualité visible sinon l'expression d'un érotisme qui prend un chemin de traverse pour exprimer l'amour ?

Si un amour peut se terminer, un Amour ne peut être oublié. Passer à autre chose n'implique pas le reniement. La fin n'est pas la guerre. Les souvenirs, ces « feuilles mortes » [32] décomposées, donnent aussi cet humus où pousse une certaine fidélité et où germent d'autres amours. Ma Lou pour toujours et de mes 20 ans.

---

[32] Prévert Jacques, Paris, 1946.

De Lou à mon bouillant politicien, de toi entre Lou et lui, entre lui et toi, tu m'as fait du bien, tellement de bien, en m'apaisant. Ta sincérité me rassérénait. Épris d'autant de mon esprit libre que de mes silences coquins, tout en toi conversait avec ma douceur et ma tendresse. Il m'est arrivé de dire que tu mettais en lumière le plus beau côté de moi. Tu m'écoutais parler d'écriture, même que tu prêtais ta belle voix à mes poèmes. Tu riais de mes impatiences. Tu célébrais mes coups de gueule comme autant de manifestations de mon indignation devant la tromperie, la fourberie, l'ignominie, bref le manque d'amour intime et public. Tu aimais que je parle de prendre soin de nous, d'eux et de tous les autres. Tu espérais la vie de ce côté des choses. Tu disais que j'avais un doctorat en amour. Et je te faisais l'amour, happée par le chant de ton plaisir. Je n'ai jamais mieux fait l'amour.

L'autre, le leader, il était de l'autre face de la lune. Il lisait des pamphlets, n'avait pas d'intérêt pour les histoires personnelles, ne prenait jamais la rue pour une balade et s'appropriait mes mots comme étant les siens. Il vivait sa vie comme Maurice Richard avait joué au hockey : sans équipe, montant obstinément la rondelle au but. Il faisait l'amour comme on gagne une mise au jeu. Il n'avait qu'une parole. Roi de la jungle, il mourra droit, emmuré et surtout imperturbable, imperméable.

De ceci à cela, de toi à encore toi, plus de quarante années d'une symphonie amoureuse qui vira à la tragédie cette ultime fois où en pleurant tu nous jetas définitivement de la falaise où nous nichions pour rentrer à la maison, pour revenir à l'ordinaire, pour préférer la sécurité, pour sauver ton mode de vie, pour trahir ta promesse, pour sauver tes vœux, pour pactiser avec la morbidité.

Comme aujourd'hui n'est pas hier, elle parlait peu, très peu de cette peine d'amour, de cette catastrophe. Elle avait honte, tellement honte d'y avoir cru encore une fois.

Pourtant, elle savait pourquoi elle l'avait cru encore une fois. Parce que devant elle, devant eux comme le monde, en ces temps si différents de ceux d'avant, elle avait fait une profession de foi : le croire était garant d'espoir pour chacun et pour l'humanité. Garder l'espoir de changer le monde une vie à la fois. Car les libérateurs sont plus grands que les dictateurs et le monde va toujours mieux quand l'amour triomphe.

L'ayant cru, elle craignait d'en mourir, de s'étouffer dans sa peine, de chercher son air dans le fond du fleuve.

***

Comme j'ai voulu croire que tu ne pouvais pas, une autre fois, être vil, lâche, inconséquent, brutal, horrifique. Je me suis aveuglée. J'ai voulu croire que tu avais compris, disais-tu, que tu serais droit cette fois dans tes bottines, que tu ne pouvais pas me trahir sachant que, ce faisant, tu attenterais à ma raison de vivre.

C'est long, cinq ans, écrasée par le regret, peut-être le remords et surtout la solitude, l'isolement. Mise à l'amende, punie d'avoir transgressé les tabous, d'avoir voulu que l'amour triomphe.

J'ai erré dans les limbes du souvenir comme s'ils pouvaient me révéler l'origine de ma faute. Quand me gagnait l'âcre goût de l'échec jusqu'à l'envie de m'endormir définitivement, je maudissais de t'avoir aimé. Ne savais-tu pas ton cœur putréfié dans l'eau stagnante de ta lâcheté ? Que tu ne changerais rien, même amoureux ?

L'hiver fut interminable, violent, malsain. Il était l'apocalypse d'une suite de passions amoureuses mort-nées. Toutes inscrites dans ma carte du ciel, celle de la galaxie des gars mariés.

Une longue marche pour comprendre l'ordre de certaines choses. Inféodées à l'immuabilité du mariage, fondatrices de grandes batailles toutes perdues, les amours adultères sont des clones du mariage et génétiquement stériles.

Les passions amoureuses, légitimes comme illégitimes, si semblables à l'amour, naissent invariablement de coups de foudre. Suivent des coups d'État menés par des armées de phéromones qui installent une dictature à deux têtes : désir et plaisir. Ils ont leurs mercenaires : les coquettes et les don Juan. Leurs couches sont des champs de bataille où leurs victimes sont invariablement électrocutées par le narcissisme d'elle ou de lui.

Paradoxalement, toutes les amours, filiales, parentales, amicales ou amoureuses, sont des débâcles vivifiantes qui induisent chez ceux qui les investissent une mutation des âmes, des cœurs, des mœurs qui métamorphose le monde. Elles sont toujours ce printemps durant lequel tout reverdit. Elles sont un élan, une liberté, une renaissance à soi, à l'autre, à l'humanité. Elles sont dans l'immédiat et pour toujours le seul gain sur la mort.

Les aimés, morts ou vivants, deviennent des anges revenants au détour d'une idée évoquée, d'une leçon retenue, d'un paysage partagé, d'un enfant conçu, d'un lit défait, d'une promenade à l'agenda, d'une douche longuette, d'un baiser enflammé, d'un combat gagné, d'une attisée ressassée, d'un questionnement réanimé, d'une défaite partagée, d'une photo laminée, d'un jour d'anniversaire ou d'une heure de gloire. Ils sont des compagnons fidèles qui ouvrent et ferment la marche de chacun.

Je n'irai pas rejoindre le fond du fleuve. J'ai tourné en vrille jusqu'au naufrage. Longtemps, sur mon île déserte, j'ai radoubé ma barque.

Maintenant, si la lune et mes anges le veulent bien, je mettrais le cap sur la pointe d'un cœur assez large pour accueillir une migrante au visage ridé, à la peau vieillie, aux courbes arrondies, aux coups de gueule abrasifs, à la crinière blanchie, au caractère affirmé, au sourire emphatique, aux amitiés essentielles, aux enfants chéris, aux jugements intempestifs, au regard lucide, au désir énamouré, aux chagrins tatoués, à la liberté conquise, à la vulnérabilité endurcie, aux idées claires, aux souvenirs présents, aux erreurs infusées, à la fracture soudée, à l'espoir de fiançailles.

Devant les attentats terroristes de Paris ou d'Istamboul, les élections présidentielles américaines ou russes, la Californie en flammes, les pandémies nouvelles et séculaires, la chape culturelle et ses échappées, la passion et ses illusions, la lubricité et les mariages, les fils cousus et les mots raboutés : aimer mieux, aimer plus pour qu'advienne la suite du monde.

Alors que Vancouver et Halifax recevaient des torrents d'eau, que j'avais donné ma démission et résolu de vivre, je cachais à mes jours mes nuits à rêver qu'un homme, toi, me souhaite près de lui autant que mon président. Aucun homme n'avait proposé de m'acheter une maison pour me loger. Me loger près du bureau que je comptais malgré tout déserter pour reprendre ma vie, pour mettre fin au duel entre le privé et le public.

Je ne voulais plus travailler. Je ne voulais plus des contingences administratives. Je ne voulais plus des exigences de la fonction. Je ne voulais plus mener des dossiers, réussir des négociations, écrire de nouveaux projets, recevoir des bonus de performance. Je ne supportais plus d'être en représentation, d'être mes compétences.

Sur un mur de mon appartement de fonction, j'avais écrit à la craie : « Ne me secouez pas, je suis plein de larmes », Ducharme.

« Ne me casse pas, je suis tout ce que j'ai », encore Réjean Ducharme. J'avais affiché mes couleurs : blanc sur noir. À chaque lecture par un visiteur, homme ou femme, immanquablement il zappait.

Plutôt remise de ce que d'aucuns nommeraient une dépression, un soir, dans un roman à deux sous, l'héroïne repue d'amour disait : « tu m'as toujours reposée de moi-même ». Me revoilà en piste pour un tango déchirant avec ton souvenir. Au bout de mes convulsions, je t'ai écrit. Tu m'as répondu aimant, battu par la tempête, enferré à un bateau à la dérive sur une mer de démence qui avait déjà avalé ta femme.

Avant que la lune ait changé trois fois de quartier, tu redessinais le ciel. Les étoiles s'alignaient, notre dernier rendez-vous arrivait. Mutant tu y serais. Un merveilleux théâtre ! En guise de générale, tu t'es absenté. La première fut reportée sans que j'aie à applaudir ou à huer, à consentir ou à réfuter.

Pourtant et bien consciente de ses volontés, de son âge, de ses espoirs, de son parcours, la vieille fille avait acquiescé : sa porte était et restait ouverte.

Au même moment, mon père vieillissait plus vite. Il se préparait à mourir avant ses cent ans. Il avait toujours été d'avance sur l'horaire de peur d'être en retard. Il mettait en scène ses funérailles en m'intimant de mettre à sa place, dans le bon ordre, sa concubine. Deuxième. Sans droit de regard, quelques dollars pour elle, une urne à mettre au tombeau familial des grands-parents et l'héritage pour ses enfants et ses petits-enfants. Malgré qu'il l'ait tant aimée, vécu presque un demi-siècle avec elle, son testament ne la retenait peu. Une ombre au fond de son jardin intérieur.

De mon père à toi, la grande tragédie des embrouillés-du-cœur capables simultanément de promettre et de trahir avec la même conviction.

J'arrive d'où je viens. Et ma force de caractère n'y aura rien changé. Ma fille dirait que je comprends l'incompréhensible. Non, non, chère enfant, tu n'as jamais su l'étendue et la durée de mon déni. À l'instar des femmes battues, en société je donne le change. En privé, comme elles, j'ai excusé l'inexcusable. Je ne voulais pas que l'on sache que j'avais accepté d'être une maîtresse, une aventure. Sans gueule ensanglantée ou bras cassé, nous formons une cohorte de soubrettes déguisées en maîtresses-femmes qui n'ont pour refuge que leur solitude et pour amie leur désespoir.

Pourtant, pourtant et presque à mon insu, mes regrets entonnaient les chants de la démone rectitude morale qui m'immergeaient dans les eaux sales et puantes du péché comme jadis au village.

En somme comme je suis aussi un produit de ma culture, ce qu'il m'en a fallu du temps et des misères pour passer de soubrette à maîtresse-femme, pour me désaltérer avidement aux eaux claires et pures du réel de la grâce.

Or, la grâce des grandes amours est celle de devenir plus humain tout en visitant le temps d'un frisson l'éternité. La grâce de vivre libre !

En fait, quand la vieille fille eut bu jusqu'à la lie l'impression de l'échec, et finalement convenu qu'elle n'aurait jamais voulu ne pas les aimer, elle vit combien leur avait manqué la fougue d'aimer.

Elle s'enorgueillissait de son intégrité. Elle ne serait jamais responsable de ne pas les avoir crus. Elle ne serait jamais responsable d'avoir étouffé les appels du cœur, d'avoir trompé, conté fleurette. Un peu d'outrecuidance l'autorisait à se pardonner.

Comprenant aussi que la passion amoureuse est une souveraine mégère capable de surtaxer impunément la vie de l'autre, je me suis souvenue qu'après m'avoir bordée et veillée, au matin de notre première nuit d'amour, tu avais dit : « je peux mourir, j'ai connu le bonheur. » Toi, le militant increvable, tu ne défendrais jamais ce bonheur dépravé. Tu reçus plusieurs mois plus tard le verdict : coupable de haute trahison. Tu acceptas d'être déporté et réduit à la nostalgie par une épouse certaine de son bon droit. Tu avais connu le bonheur. Aujourd'hui tu penses au suicide.

Se sacrifier, perpétuer l'ordre des choses et du monde cadré par les cours, Jésus, Mahomet et Krisna où la félicité selon les saintes Écritures advient après la mort distribuée par un dieu régnant sur l'éternité heureuse. Reporter et garantir la félicité pour faire avaler la difficile vie sur terre voire mourir en martyre. Ainsi soit-il.

Je vis obstinément à la marge. Athée et dissidente, je suivrai les élans du cœur pour faire le monde autrement même au prix de fouiller des années durant mes deux dernières histoires, des jumelles dizygotes.

Enfin revenue des ténèbres, je me berçais pour la première fois de la saison dans cette drôle de balançoire que j'avais fait installer pour mes soixante ans. Je commençais la lecture d'un roman dont l'élégance des mots ouvrait un sillon vers le cœur des choses. Le soleil chauffait le temps trop frais. J'ai vu un papillon, le premier de la saison, il dansait entre les cordages de la balancelle. J'ai posé mon livre et déplacé mon regard vers les crocus, aussi les premiers de la saison. Puis j'ai paisiblement pensé à toi qui n'avais rien du militant. J'ai humé profondément la saison naissante des amours libres et heureuses.

J'ai balancé ma félicité. Satisfaite de t'avoir toujours aimé. Bien ordonnée au firmament, cette volée d'oies ne piaillait pas. Elle chantait les mots de Barbara « vous étiez venu au rendez-vous ».

Tu étais finalement venu cet hiver-là le cœur plein d'espoir, les mains pleines de cadeaux, l'âme fatiguée. J'ai imposé un ordre du jour, un exercice rédempteur et une retraite fermée.

On s'est extirpé du monde tout en pleurant la guerre de Poutine en Ukraine. Je t'ai garroché ma version des choses, ma douleur, ma faillite, ma désespérance, mon long radoub. Humblement, attentif, tu les as reçus, accueillis. Tu les as collés à toi comme une enfant de toi. « J'ai aimé que toi », as-tu dit. Je ne pouvais pas en dire autant.

Comme nous n'étions pas au cinéma, on a parlé de nos aliénations, de nos blessures, de nos histoires, de nos méprises, de nos failles, du devoir, de la loyauté, de l'ordre des choses, du mensonge, de l'intégrité, de morale, de religion et du péché. En somme, qu'elles aient été nos vies, durant quarante ans, chaque rendez-vous avait été une goutte d'eau salvatrice pour ce cactus adultérin tapi au désert de nos vies.

Tard dans la nuit d'une trop longue journée où enfin des caresses douces, un peu timides, ouvraient le chemin, tu m'as demandé si la résurrection était possible, si le cactus allait fleurir?

Bien sûr ! Nous touchions au fil d'arrivée vivants et aimants !

Tu te disais prêt à défendre tes amours sur toutes les tribunes. Je me jugeais terriblement pontifiante, drapée des hardes de la victime. Car comme l'a dit Nelson Mandela en expliquant l'apartheid : « il avait bien fait deux victimes ».

Notre longue et émouvante histoire avait aussi ses deux victimes. Soigner tranquillement, paisiblement, les blessures de l'autre induit aussi l'aventure d'aimer.

L'âge aidant, on a embouveté les fonds de nos vies et mis à l'eau une felouque pour prendre le large. Droit devant, il y a nous.

Amarrée momentanément au port de son enfance, la vieille fille s'est faite femme lorsque son père dans un rare moment de vérité lui avait demandé : vas-tu te marier ? Amoureuse, il le savait, elle avait fermement répondu : non ! Tout à sa vie, dans un murmure contrit – sans qu'il n'en eût jamais l'habitude – le vieillard avait professé : « ne fais jamais cela ».

Imprimé en Allemagne
Achevé d'imprimer en octobre 2023
Dépôt légal : octobre 2023

Pour

Le Lys Bleu Éditions
40, rue du Louvre
75001 Paris

www.ingramcontent.com/pod-product-compliance
Lightning Source LLC
Chambersburg PA
CBHW062346010826
49168CB00024B/279

* 9 7 9 1 0 4 2 2 0 9 2 1 6 *